SDIC 中投咨询

文库

公共治理能力现代化方案

公共部门战略性绩效管理

中投咨询有限公司◎编著

中国人民大学出版社

· 北京 ·

本书编委会

序 言

党的十八届三中全会提出："全面深化改革的总目标是完善和发展中国特色社会主义制度，推进国家治理体系和治理能力现代化。"党的十九届四中全会审议通过的《中共中央关于坚持和完善中国特色社会主义制度 推进国家治理体系和治理能力现代化若干重大问题的决定》进一步指出："当今世界正经历百年未有之大变局，我国正处于实现中华民族伟大复兴关键时期。顺应时代潮流，适应我国社会主要矛盾变化，统揽伟大斗争、伟大工程、伟大事业、伟大梦想，不断满足人民对美好生活新期待，战胜前进道路上的各种风险挑战，必须在坚持和完善中国特色社会主义制度、推进国家治理体系和治理能力现代化上下更大功夫。"公共部门绩效管理是公共部门及其管理者在本组织的使命、核心价值观的指引下，为达成其愿景和战略目标而进行的绩效计划、绩效监控、绩效评价和绩效反馈的循环过程，具有鲜明的战略导向。大力推进公共部门绩效管理的科学化、制度化和规范化，对于提高公共部门的绩效管理水平，促进公共部门治理体系和治理能力现代化发挥着重要作用。

公共部门绩效管理是公共部门变革管理理念、调整体制机制和提升服务效能的重要手段。自改革开放以来，我国公共部门开始借鉴国际流行的管理理论、方法和技术，积极推动公共部门变革。经过 30 多年的探索与发展，我国公共部门绩效管理在理论研究和实践探索方面都取得了丰硕的成果，形成了“目标责任制”“社会服务承诺制”“万人评议政府”“三效一创”等独具特色的绩效管理模式，但是还存在着顶层设计重视不足、重考核轻管理、重结果轻过程、重年度考核轻平时考核等诸多问题。当前，中国特色社会主义进入了新时代，公共部门面临着新任务、新问题和新挑战。要在新的历史发展阶段继续不忘初心、牢记使命，更好地履职尽职、担当作为，亟须建立和完善战略导向的绩效管理体系，持续推进治理体系和治理能力现代化建设。

本书围绕公共部门战略性绩效管理这一核心议题，力图为推进公共治理体系和治理能力现代化提供全新的视角和方案。全书分为四篇。第一篇为基础篇，主要围绕公共部门绩效管理的相关概念、责任机构和系统模型展开；第二篇为系统篇，系统阐述了公共部门绩效管理的绩效计划、绩效监控、绩效评价和绩效反馈四个重要环节，明确了各个环节的关键决策和主要任务；第三篇为工具篇，对当下广泛使用的目标管理、关键绩效指标和平衡计分卡这三个绩效管理工具进行了详尽介绍，阐述了不同工具的理论内涵与操作思路；第四篇为实践篇，梳理了国内外公共部门绩效管理的发展历程，归纳了我国公共部门绩效管理的发展趋势，并呈现了北京市延庆县以及广东省东莞市科学技术博物馆的绩效管理实践案例，展示了公共部门平衡计分卡的最新理论发展和实践成果。

本书旨在从公共部门绩效管理的视角切入，为推进公共治理能力现代化提供系统性的解决方案，其编写特点主要体现在以下方面：一是科学系统，体系完整。本书以明晰公共部门绩效管理的相关概念为基础，以公共部门绩效管理系统模型为主线，系统阐述了公共部门绩效管理的“三个目的”“四个环节”“五项关键决策”，有助于读者把握公共部门绩效管理的重要抓手。二是言简意赅，突出重点。本书在编写过程中注重提纲挈领、简便易行，既注重阐述绩效管理的相关概念与基本原则，也着墨绩效管理的系统设计，特别是在工具篇对常见绩效管理工具的概念与应用进行了详尽介绍，可供读者参考，学习掌握绩效管理工具的实操技能。三是问题导向，关注实践。本书坚持实践导向，通过历史回顾、案例呈现等方式，审视了公共部门绩效管理的过去、现在与未来，并提供了系统性的解决方案，以期完善我国公共部门治理体系，提升公共部门治理效能。

值本书付梓之际，感谢中国人民大学出版社的编辑为本书出版付出的大量心血。同时，在本书的编写过程中，我们参阅了大量的相关资料，在此也向这些资料的作者表示衷心的感谢。

方振邦

中国人民大学公共管理学院教授

中国人民大学公共组织绩效管理研究中心主任

2020 年 11 月 11 日

目　录

第一篇　公共部门绩效管理基础

第二篇　公共部门绩效管理系统

第三篇　公共部门绩效管理工具

第四篇 公共部门绩效管理实践

第一篇

公共部门绩效管理基础

第一章　公共部门绩效管理概述

第一节　绩效与公共部门绩效

一、绩效

随着管理实践的不断拓展和深入，人们对绩效概念的认识也在不断变化。在不同的学科领域、不同的组织以及不同的社会发展阶段，人们对绩效有着不同的理解。但是，不论是组织还是个人，都应该以系统和发展的眼光来认识和理解绩效的概念。管理大师彼得·F. 德鲁克（Peter F. Drucker）认为："所有的组织都必须思考'绩效'为何物。这在以前简单明了，现在却不复如是。战略的制定越来越需要对绩效重新定义。"如果不能明确界定绩效，就不能有效地对其进行评价和管理。因此，作为绩效管理的逻辑起点，对绩效的概念进行确切定义和深入理解是至关重要的。

1. 绩效的概念

对应于英文的 performance，在中文文献中，除了"绩效"

外，也有人采用“业绩”“实绩”“效绩”等相近或相似的词来表达。但这些概念，或使用领域比较狭窄，或意思表达不够完整，而“绩效”能够更完整、准确地反映 performance 的内涵，并被国内的学者和管理者所广泛接受，故本书统一采用“绩效”的概念，并在此基础上讨论绩效管理问题。

在绩效管理实践当中，绩效强调一个工作活动的过程及其结果，也就是说个人绩效包括了工作行为以及工作行为的结果。当我们对绩效进行评价时，不仅要考虑投入（行为），也要考虑产出（结果）。本书认为，绩效是指组织及个人的履职表现和工作任务的完成情况，是组织期望的为实现其目标而展现在组织不同层面上的工作行为及其结果，它是组织的使命、核心价值观、愿景和战略的重要表现形式。

2. 绩效与态度、能力的关系

准确理解绩效的概念还需要了解态度、能力与绩效的关系，阿瑟·S. 雷伯（Arthur S. Reber）在其主编的《心理学词典》中强调，“performance 通常只包括外显行为，因而与能力有别”。对于员工个人绩效而言，员工的工作态度直接反映员工为实现绩效目标所付出的努力程度，这种努力程度能够在获取绩效结果的工作过程中得以体现，表现为员工的工作行为。而员工个人能力水平的高低仅是达成个人绩效结果的调节变量，不能作为绩效评价的内容，有能力而无意愿工作的员工在组织中大有人在。美国学者贝茨（Bates）和霍尔顿（Holton）指出，“绩效是一个多维构建，观察和测量的角度不同，其结果也会不同”。对于员工的绩效管理而言，评价内容、评价主体、评价周期、评价方法以及结果应用尤为重要。本书认为，除了工作结果之外，员工在工作活动过程中表现出来的行为以及该行为所反映出来的员工的工作态度，是管理者进行绩效评价和监控的重要内容（工作态度、工作能力与工作结果的关系如图 1－1 所示）。此外，处于组织不同层级的员工个人绩效的评价内容也应有所不同。通常，中高层管理者的绩效评价内容主要以结果为主，而对于基层员工则要综合评价工作态度、工作行为以及工作结果。

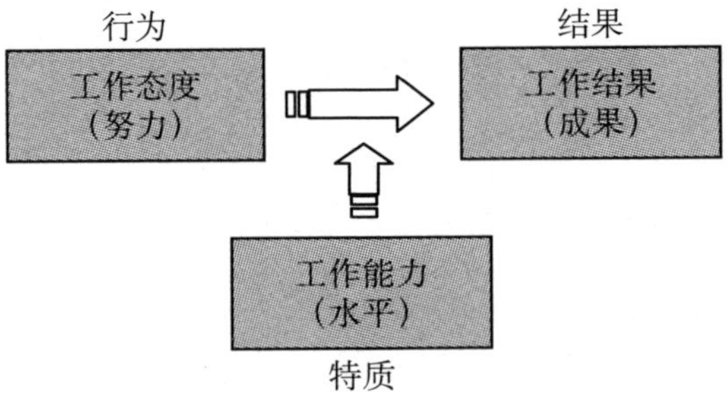

图 1－1　工作态度、工作能力与工作结果的关系

3. 绩效的层次性

随着管理研究和实践探索的深入，绩效的内涵获得了新的发展。组织内的行为主体按照层次不同可以分为组织、群体（主要包含部门和团队两类）和个人，三种不同的行为主体将产生不同的绩效。因此，按照被衡量行为主体的多样性，绩效可以从组织架构层次角度划分为组织绩效、群体绩效和个人绩效，如图 1－2 所示。组织绩效就是组织的整体绩效，指的是组织任务在数量、质量及效率等方面完成的情况；群体绩效是组织中以部门或团队为单位的绩效，是群体任务在数量、质量及效率等方面完成的情况；个人绩效是个体所表现出的、能够被评价的、与组织及群体目标相关的工作行为及其结果。

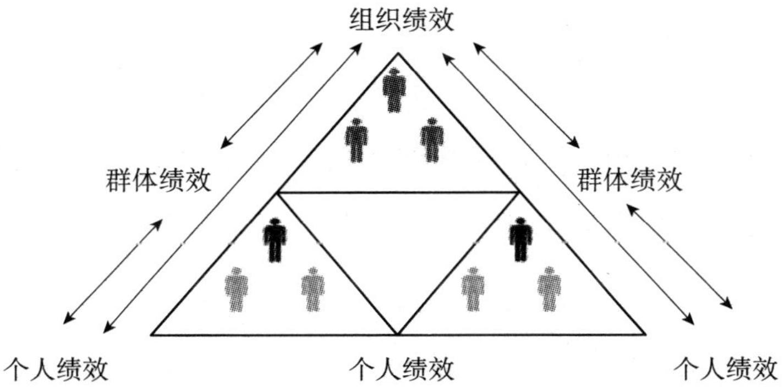

图1-2　绩效的三个层次：组织绩效、群体绩效和个人绩效

尽管组织绩效、群体绩效和个人绩效有所差异，但是三者又密切相关。组织绩效、群体绩效和个人绩效三个层次是自上而下层层分解的关系。组织绩效具有最高的战略价值，是绩效管理系统的最高目标。组织绩效和群体绩效是通过个人绩效实现的，离开个人绩效，组织绩效和群体绩效将成为空中楼阁。个人绩效则是绩效管理系统的落脚点，是组织绩效的基础和保障。脱离了组织绩效和群体绩效的个人绩效是毫无意义的，个人绩效的价值只有通过组织绩效和群体绩效才能体现。

二、公共部门绩效

公共部门的构成十分复杂，涉及的范围和数量随着社会发展呈现日益拓展的趋势。为更好地适应公共部门发展趋势，结合中国公共部门人力资源管理实际，本书中的公共部门，既指“纯”公共部门，也指“准”公共部门，主要包括政府组织、公共事业组织、公共企业组织、非政府组织等几种组织形态。

1. 公共部门绩效的概念

公共部门绩效的内涵非常复杂，涉及经济、政治和社会的方方面面。对公共部门绩效内涵的界定，比较具有代表性的观点主要有三类：一是“产出观”，将公共部门绩效界定为公共部门在管理过程中所取得的成绩；二是“能力观”，将公共部门绩效界定为公共管理能力；三是“综合观”，从综合性的视角界定公共部门绩效的内涵。本书认为，公共部门绩效是指公共部门的履职表现和工作任务的完成情况，是公共部门依据其使命、核心价值观、愿景和战略，在履行公共管理职能和提供社会公共服务过程中展现在组织不同层面上的行为及其结果。

2. 公共部门绩效的类型

纵观公共部门绩效管理的相关研究和具体实践，可以从不同的角度对公共部门绩效进行归纳和划分，具体主要表现在以下四个方面：

（1）根据管理层级，可分为组织绩效、部门和项目绩效以及员工绩效。公共部门的组织绩效，是指各级公共部门在履行职能和实现组织目标的过程中，在效率、效益、效果及质量等方面的完成情况。部门绩效，是指各级公共部门的分支部门在履行职能和实现部门目标的过程中，在效率、效益、效果及质量等方面的完成情况；项目绩效，是指各级公共部门在开展和实施公共项目的过程中，在效率、效益、效果及质量等方面的完成情况。员工绩效，是指员工个体所表现出来的能够被评价的、与组织宏观目标及部门目标密切相关的工作行为及其结果。

（2）根据公共事务管理的领域，可主要分为经济绩效、政治绩效、社会绩效、文化绩效和生态绩效。经济绩效指经济的可持续发展程度。良好的经济绩效应在国民经济结构合理的前提下，既强调量的扩张，又注重质的提升，通常表现为经济的高速、可持续发展的强劲动力和活力，以及人民生活水平的明显提高和生活质量的明显改善等。政治绩效是政治文明的具体化，良好的政治绩效表现为政府政策的合理制定以及体制的优化创新等。良好的社会绩效势必促进社会的进步和发展。良好的文化绩效有利于充分发挥文化引领风尚、教育人民、服务社会和推动发展的作用。生态绩效则是关注绿色发展，通过建设资源节约型、环境友好型社会，形成人与自然和谐发展的现代化建设新格局。

（3）根据公共管理的价值标准，可分为经济、效率和效果。根据公共部门绩效管理的价值标准，公共部门绩效可以理解为由经济、效率和效果三方面构成。经济表示资源消耗的最小化程度，即在维持特定水平投入时，尽可能降低资源的消耗或充分使用已有的资源以获得最大和最佳比例的产出。效率是指在既定的投入水平下使产出水平最大化或在既定的产出水平下使投入水平最小化，一般通过投入与产出之间的比例关系来衡量。效果则表示产出最终对实现政策目标的影响程度，包括产出的质量、期望得到的社会效果、公众的满意程度等。经济、效率和效果互相关联，这三方面的优化整合和有效平衡就共同构成了公共部门绩效的内涵。

（4）根据运作流程，可分为投入、过程、产出和结果。在具体的实践活动中，公共部门活动的实施过程是由“投入（input）—过程（process）—产出（output）—结果（outcome）”四个环节组成的。根据公共部门运作流程的阶段划分，可以将公共部门绩效的内涵划分为投入、过程、产出和结果。投入是指公共部门为社会提供管理与服务所需的资源消耗，包括人力、财力和物力等；过程是指投入既定的资源后，公共部门具体的运作过程，即公共部门的工作流程，表现为公共部门的行政活动，包括政策制定、执行等；产出是指公共部门活动产生的所有输出和提供的服务；而结果就是指这些输出对公众产生的影响。投入、过程、产出和结果从公共部门运作流程的角度构成了公共部门绩效，通过具体的工作环节，全面反映公共部门的绩效状况。

第二节　绩效管理与公共部门绩效管理

一、绩效管理

1. 绩效管理的概念

组织、管理和绩效是密不可分的概念。组织是管理活动及其绩效的载体，管理是组织借以创造绩效的手段，绩效是组织实施管理的目的。纵观百年管理思想史，不论是各类组织中管理者的实践摸索，还是管理学界对管理工作的理论研究，都是围绕绩效展开的。不同时期的不同学术流派虽然各自的研究假设有别，观察和分析问题的视角不同，但都以改善组织绩效作为探索的出发点，并始终致力于促进绩效水平的不断提升。从这个意义上讲，管理学发展的历史就是绩效管理探索的历史。

作为绩效改进的一种探索和方法，绩效评价的概念先于绩效管理提出，但是在实践过程中，绩效评价的各种弊端逐步显露出来。随着绩效评价理论及方法研究的不断深入，人们逐渐意识到：仅对绩效结果进行评价，只能区分出绩效水平的高低，而对于绩效目标的达成和绩效水平的提升等方面却没有良好的促进作用。因此，学者们指出，不能仅单纯地评价绩效，还应从管理的高度通过计划绩效、监控绩效、评价绩效以及反馈绩效等一系列过程，确保绩效目标的全面实现和绩效水平的持续提升。在这一背景下，20 世纪 70 年代后期，学者们在总结绩效评价局限性的基础上，进一步丰富了绩效的内涵并提出了绩效管理（performance management，PM）的概念，特别是在 20 世纪 80 年代后期和 90 年代诞生了许多关于绩效管理含义的不同观点。英国人力资源协会对 1 000 多家私人企业和公共部门调查后发现，“即使是在那些宣称已经采用绩效管理的组织中，绩效管理也不存在一致的定义”。

从绩效管理的本质出发，综合学者们对绩效管理概念的各种观点，本书认为绩效管理是指组织及其管理者在组织的使命、核心价值观的指引下，为达成愿景和战略目标而进行的绩效计划、绩效监控、绩效评价以及绩效反馈的循环过程，其目的是确保组织成员的工作行为和工作结果与组织期望的目标保持一致，通过持续提升个人、部门以及组织的绩效水平，最终实现组织的战略目标。绩效管理不应简单地被理解为一个测量和评估的过程，而应是在战略的指引下对组织的绩效进行科学系统的计划、监控、评价与改进的循环过程。

2. 绩效管理与绩效评价

与绩效管理非常相近并且容易引起混淆的一个概念是绩效评价。不论是在中文文献还是在英文文献中，这两个概念都被广泛使用。所谓绩效评价（performance appraisal，PA），特指在绩效周期结束时，选择有效的评价方法，由不同的评价主体对组织、群体及个人绩效做出判断的过程。绩效评价是人们更为熟知的概念，绩效管理是在绩效评价的基础上产生的，是对绩效评价的拓展，两者既紧密联系又相互区别。绩效管理与绩效评价的关系见表 1－1。

表 1－1　绩效管理与绩效评价的关系

绩效管理	绩效评价
● 一个完整的管理过程	● 管理过程中的一个环节
● 注重信息的沟通与绩效目标的达成	● 注重考核和评估
● 伴随管理活动的全过程	● 只出现在特定的时期
● 战略性与前瞻性	● 滞后性

绩效评价是绩效管理的一个重要环节，不能将绩效评价等同

于绩效管理。只有把绩效评价置于绩效管理的整个过程中，才能有效地实现绩效管理的目的。如果一个组织只做绩效评价而忽略了绩效管理的其他环节，那么组织的绩效目标将难以达成。绩效评价成功与否不仅取决于绩效评价本身，而且在很大程度上取决于与绩效评价相关联的整个绩效管理过程。有效的绩效评价依赖于整个绩效管理活动的成功开展，而成功的绩效管理也需要有效的绩效评价来支撑。绩效评价的结果表明了组织选择的战略以及行动的结果。绩效管理则为绩效评价提供了评价的内容和对象，并在绩效评价的基础上进行相应的决策和改进。只有通过绩效评价这个环节，才能将客观的绩效水平以完整的绩效信息的形式展现出来，从而为个人和组织绩效的改进提供决策依据；同时，绩效管理的关键决策都围绕绩效评价展开，包括评价内容、评价主体、评价周期、评价方法以及结果应用，这些决策贯穿绩效管理过程的不同环节，但都是基于绩效评价来进行。因此，绩效管理不等于绩效评价，绩效评价是绩效管理的关键一环。我们必须将绩效评价纳入绩效管理制度之中，才能够对绩效进行有效的监控和管理，从而实现绩效管理的目标。

二、公共部门绩效管理

1. 公共部门绩效管理的概念

公共部门绩效管理是指公共部门及其管理者在本组织的使命、核心价值观指引下，为达成其愿景和战略目标而进行的绩效计划、绩效监控、绩效评价以及绩效反馈的循环过程，其目的是确保公共部门组织成员的工作行为和工作结果与组织期望的目标保持一致，通过持续提升个人、部门以及组织的绩效水平，最终实现公共部门的战略目标。作为公共部门管理的重要创新，公共部门绩效管理对于提高公共部门绩效，建立高效的公共部门运转机制和改善公共服务水平发挥着重要的作用。

2. 公共部门绩效管理的功能

公共部门绩效管理是将企业组织的管理理念、管理工具和方法与公共部门的管理实践相结合，推动公共部门绩效管理水平的提高和公共服务的优化。对于公共部门而言，公共部门绩效管理具有十分重要的功能，具体体现在以下几个方面：

（1）有助于提高公共部门绩效水平。管理学家迈克尔·阿姆斯特朗（Michael Armstrong）指出："要改进绩效，您必须首先了解目前的绩效水平是什么。"通过计划绩效、监控绩效、评价绩效以及反馈绩效等一系列绩效管理环节，可以清晰地了解公共部门绩效所处的水平和所存在的问题，并通过有效的沟通和反馈，寻求解决问题、提升绩效的正确方法和途径，帮助公共部门明晰和认同战略部署和既定目标，激发工作热情，切实增强工作的责任感、使命感和紧迫感；使各级公务员能够清晰地了解自己的工作应该干什么、已经干了什么、干得怎么样以及应该怎么办等问题，将公务员个人工作活动与政府组织目标有效整合起来，在完成政府组织目标过程中挖掘公务员个体的潜力、增强公务员的组织认同感和忠诚度，从而进一步保障和促进责任型政府、服务型政府的建立和完善。

（2）有助于确立公共部门价值理念。与企业等私人部门相比，公共部门的目的是谋求公共利益的最大化。传统的公共行政也比较注重满足社会公众的需求，但公共部门绩效管理却引入了“顾客导向”的价值理念，强调要将社会公众作为“顾客”，以满足社会公众的需要作为衡量公共部门绩效的重要标准。所以，公共部门绩效管理是确立公共部门价值理念的重要手段。通过公共部门绩效管理，可以帮助公共部门明晰自身的使命和核心价值观，识别公共部门存在的理由和价值，同时为公共部门履行职责确定具体的行为标准和道德准则。

（3）有助于推动行政管理体制改革。实施公共部门绩效管理是提高政府执行力，推进行政管理体制改革的重要途径。随着社会主义市场经济体制的深入发展，建设服务型政府、强化政府社会管理和公共服务职能成为我国深化行政管理体制改革的重要目标。近几年来，通过行政审批制度改革、政务公开等措施，行政体制改革取得了很大的成效，但与社会主义市场经济体制要求还有较大的距离，各自为政、地方保护、有令不行、有禁不止等现象仍然存在。公共部门绩效管理作为政府管理创新和深化行政体制改革的根本性措施，有利于优化和整合行政资源，形成对各级政府的激励约束机制，从而能够确保政令畅通，提高政府效能。

（4）有助于建设人民满意政府。实施公共部门绩效管理是提高政府公信力、建设人民满意政府的重要途径。过去的“行政管理”过分强调了“行政管理”主体与社会公众之间关系的不对等性。而政府的宗旨是为人民服务，政府绩效管理强调公共服务和社会公众至上，通过采取重塑政府角色、界定政府职能、提高服务质量、强调公众至上和以公众需求为导向等措施，极大地改善了政府与社会公众之间的关系，建立和提升了社会公众对政府的信任，增强了政府的号召力和社会公众的凝聚力，促进了政府从管制型政府向服务型政府转变、从官员本位政府向民众本位政府转变。公共部门绩效管理成为沟通政府与社会公众的桥梁和纽带，通过开展公共部门绩效管理，可以让社会公众看到政府为提高政府绩效而做出的不懈努力，有助于提升政府的信誉，获得社会公众的普遍认可；同时可以促进社会公众有效参与，增强他们的责任意识、法治意识和全局意识。

第二章　公共部门绩效管理机构

第一节　公共部门绩效管理机构的类型

公共部门绩效管理是否能够顺利达成预期的效果，很大程度上取决于管理者的组织和筹划，因此建立有效的绩效管理机构是推进公共部门绩效管理活动顺利开展的重要保证。具体而言，公共部门绩效管理机构是指组织和协调各级政府组织及部门根据各自目标和职能设定绩效目标，并对目标实施的过程及结果进行监控、评价和反馈的机构。政府组织是公共部门的重要构成主体，本节以政府组织为例，阐述其绩效管理机构的类型。政府绩效管理机构通常可以分为内部管理机构和外部管理机构两种类型。

一、内部管理机构

内部管理机构是指政府内部负责组织管理政府绩效的机构。内部管理是世界各国政府绩效管理实践中最为常用的形式。比如，英国的“雷纳评审”（Rayner Scrutiny）、美国的“政府再造”以及我国烟台市的“社会服务承诺制”、河北省的干部实绩考核制度、青岛市全面实施的“目标绩效管理”、福建省开展的“效能建设”等都属于这种类型。具体而言，政府绩效的内部管理机构又包括上级政府部门和专职管理机构两种。

（1）上级政府部门。美国、英国、日本、韩国等国家都制定了相关的法律和管理规范来规定上级政府对下级政府进行绩效管理的权力。上级政府对下级政府进行绩效管理主要是指上级政府对其职能部门和下一级政府，或者上一级职能部门对下一级职能部门进行绩效计划、绩效监控、绩效评价以及绩效反馈的绩效管理过程。由于上级政府熟悉和了解下级政府的职能、职责和发展需求，由上级政府对其所辖的下级政府机构进行绩效管理的指导、监督和评价，非常有利于下级政府绩效管理工作的顺利开展。因此，上级政府可谓下级政府绩效管理的天然组织者。

（2）专职管理机构。专职管理机构是在政府内部组建的，专门负责各级政府绩效管理活动的组织、开展、协调和指导等工作的机构。从世界范围来看，越来越多的政府倾向于设立专门的绩效管理机构来管理政府绩效。比如，英国的审计办公室负责中央政府机构的绩效评价，审计委员会负责地方政府的绩效评价。在美国，联邦政府管理与预算办公室负责审批各部的年度绩效计划，总审计署负责对政府机构进行绩效评价并向国会和公众公布评价结果。在我国，2011 年 3 月 10 日国务院批复同意建立政府绩效管理工作部际联席会议制度，来指导和推动我国的政府绩效管理工作。联席会议由监察部、中央组织部、中央编办、国家发改委、财政部、人力资源社会保障部（公务员局）、审计署、统计局、法制办等9个部门组成，监察部为牵头部门，联席会议办公室设在监察部。北京市设立政府绩效管理联席会议，下设政府绩效管理办公室，与市政府督查室为一个机构、两块牌子。青岛市成立了市目标管理考核委员会，由市委主要领导任主任，有关部门负责同志为成员，市委督查室、市政府督查室为办事机构，负责组织实施全市的目标管理考核。杭州市设立了综合考评委员会（杭州市绩效管理委员会）作为绩效管理的领导机构，负责杭州市绩效管理的总体规划、绩效评估制度等重要工作，并设立了综合考评委员会办公室（绩效管理委员会办公室），负责绩效管理的日常工作。①

二、外部管理机构

引入外部绩效管理机构可以避免政府内部绩效管理机构自身主观因素的影响，增强政府绩效管理的科学性、规范性和权威性，有效提升社会各界对政府的信任和认同。外部管理机构是指政府以外的负责组织、监督、协调和指导政府绩效管理活动的机构，它主要包括立法机关建立的绩效管理机构、政党建立的绩效

① 伍彬．政府绩效管理：理论与实践的双重变奏．北京：北京大学出版社，2017：150-151.

管理机构、新闻媒体以及社会中介评价机构等。其中以立法机关建立的绩效管理机构和社会中介评价机构最为常见。

（1）立法机关建立的绩效管理机构。根据委托代理理论，政府行使的公共权是公民权的让渡和委托，因此政府职能的履行和权力的行使需要受到公民的监督和约束。新公共管理理论认为，政府应该树立以“顾客”为导向的价值取向，其服务质量应该由作为“顾客”的公民来评价。立法机关作为公众意愿的代表，可以成为政府绩效的监督者和评价者，通过设立专门的政府绩效管理机构和运用现代的科学技术，如电子政务平台、手机短信、互联网络等手段来吸纳民意，以帮助公民充分行使监督政府绩效的权利。在具体的政府绩效管理实践中，西方国家的政府绩效评价往往是通过议会所属的审计机构来组织的；而在我国，全国和地方各级人民代表大会负责审查本级人民政府的工作报告，并有权通过质询来监督本级人民政府及其所属各工作部门的工作情况。

（2）社会中介评价机构。社会中介评价机构，也称为民间评价机构，是独立于政府组织之外的对政府绩效进行独立评价的机构。比如，美国的锡拉丘兹大学坎贝尔研究所自 1998 年以来就与美国《政府管理》杂志合作，每年对各州或市的政府绩效进行评价并发布绩效评价报告。在我国，兰州大学中国地方政府绩效评价中心受甘肃省政府委托，于 2004 年和 2006 年分别对甘肃省直职能部门和省属的 14 个市州政府进行了绩效评价，开创了我国第三方评价政府的先河。华南理工大学政府绩效评价中心在

2007年就发布了《广东省地方政府整体绩效评价报告》，并在此后发表了一系列中国政府绩效评价红皮书等政府绩效评价报告。

第二节　公共部门绩效管理机构的职责

作为公共部门绩效管理的组织者和实施者，绩效管理机构在公共部门绩效管理的实施过程中起着十分重要的作用。根据公共部门绩效管理的流程，公共部门绩效管理机构的主要职责包括以下几个方面：

一、绩效管理模式的选择、创新与流程设计

目前，国内外关于公共部门绩效管理的模式有很多有益的尝试，其中不乏许多富有特色的绩效管理模式。比如，英国的“雷纳评审”、加拿大的“政府部门改革方案”以及我国南京市的“万人评议政府”和海林市的“基于平衡计分卡的政府绩效管理”，等等。因此，各级公共部门绩效管理机构可以根据具体的实际情况和管理需要，对已有的绩效管理模式进行深入的调研分析和比较，进而选择、引进或创新一种有效的绩效管理模式，并据此设计具体、规范的适合本组织的绩效管理流程。

二、参与和指导绩效评价指标体系的设计

公共部门绩效评价指标体系是为实现公共部门绩效管理目的

而按照一定原则和因果关系建构的，由能够反映评价对象绩效目标达成情况的相关指标、目标值及评价权重等组成的系统结构。绩效评价指标体系设计的科学与否是关系评价结果信度与效度的关键因素。因此，在进行绩效评价指标体系设计时，公共部门绩效管理机构要组织相关人员参与到指标的设计过程中，严格遵循绩效指标的设计原则，正确理解和把握公共部门的总体部署和战略规划，全面科学地落实本组织、本部门的绩效目标，确保组织战略部署能够切实落实到位，保障战略目标的顺利实现，以确保公共部门绩效评价指标体系的科学性和系统性。需要注意的是，绩效评价指标体系是灵活、动态的，需要随着时间的推进和环境的变化，对绩效评价指标体系进行持续的检验、调整、补充和完善。

三、绩效评价主体的选择与培训

公共部门绩效的评价主体既包括上级部门、同级机关、下属部门和被评价对象自身，又包括政党、国家权力机关、社会公众、直接服务对象、外部专家学者和新闻媒体等。为了确保绩效评价的公正性、合理性和科学性，绩效管理机构需要根据绩效评价指标的内容和被评价对象的特点来选择合适的评价主体。公共部门绩效评价主体需要非常熟悉和了解被评价对象的工作内容、工作职责，能够全面、正确地理解绩效评价指标的含义和评价标准。因此，对评价主体进行系统培训就十分必要。通过培训，确保评价主体对绩效评价的意义、目的，以及绩效评价指标的含义、评价标准和评价程序等有整体、准确的认识，从而将评价偏差减少到最低。

四、评价周期、评价方法及相关资源的协调安排

在绩效管理模式、绩效评价内容和绩效评价主体等确定之后，公共部门绩效管理机构需要对公共部门绩效的评价周期、评价方法及组织的资源进行相应的安排。首先，根据具体的绩效指标和实际情况来确定绩效评价周期和评价方法；其次，科学估算每个绩效指标及其评价方法所需的时间和资源，并制定相应的预算和具体、明确的行动方案，确保能够最大限度地充分利用和合理协调有限的资源；最后，制定整体的绩效管理行动指南，以此作为组织和实施绩效管理活动的参考和依据。

五、绩效评价结果的收集

公共部门绩效评价结果的收集一般可以采取问卷调查、热线电话、手机短信、电子信箱等形式。其中，最为常用的方法是问卷调查法，调查问卷的设计、发放和回收是公共部门绩效评价环节中的一项基础工作。在设计调查问卷时，要坚持主题明确、简明易懂、内容科学、题量适中和便于处理等原则；问卷的发放应考虑覆盖率、代表性和填答质量等问题；问卷的回收则可以通过严密的组织、认真负责的精神以及采用送发、当场回收、个别访谈等方式来提高问卷的回收率，从而确保绩效评价结果的完整性和有效性。

六、绩效评价结果的管理

绩效管理活动是绩效计划、绩效监控、绩效评价以及绩效反馈的持续循环。公共部门绩效评价环节的结束并不意味着绩效管理活动的终止，对绩效评价结果进行管理也是公共部门绩效管理机构的一项重要职责。主要包括以下内容：（1）对绩效评价结果的信度和效度进行检验。（2）形成绩效评价报告并及时反馈给被评价对象。（3）根据实际情况确定绩效评价结果及其应用情况的公开范围和公开方式。（4）将绩效评价结果和相关信息建成数据库，以备日后查询和参考。

第三章　公共部门绩效管理系统模型

第一节　公共部门绩效管理系统模型概述

在综合思考绩效管理系统评价标准的基础上，结合国内外公共部门绩效管理的研究和实践，本书认为公共部门绩效管理系统是各级公共部门基于其使命、核心价值观、愿景和战略建立的一个由计划绩效、监控绩效、评价绩效和反馈绩效这四个环节共同组成的循环系统。同时，评价内容、评价主体、评价周期、评价方法以及结果应用这五项关键决策始终贯穿于四个环节之中，对公共部门绩效管理的实施效果起决定性的作用，以最终促进公共部门绩效管理的战略目的、管理目的和开发目的的全面实现（见图 3－1）。一个科学、有效的政府绩效管理系统应该包括：三个目的、四个环节和五项关键决策。对于一个完整的公共部门绩效管理系统而言，“三个目的”至关重要，并且需要同时实现，只有这样才能够确保公共部门绩效管理活动的有效性和战略导向性。各级公共部门的管理者作为绩效管理主体，在进行绩效管理时需要严格按照公共部门绩效管理的四个步骤来开展工作，“四个环节”环环相扣、缺一不可。

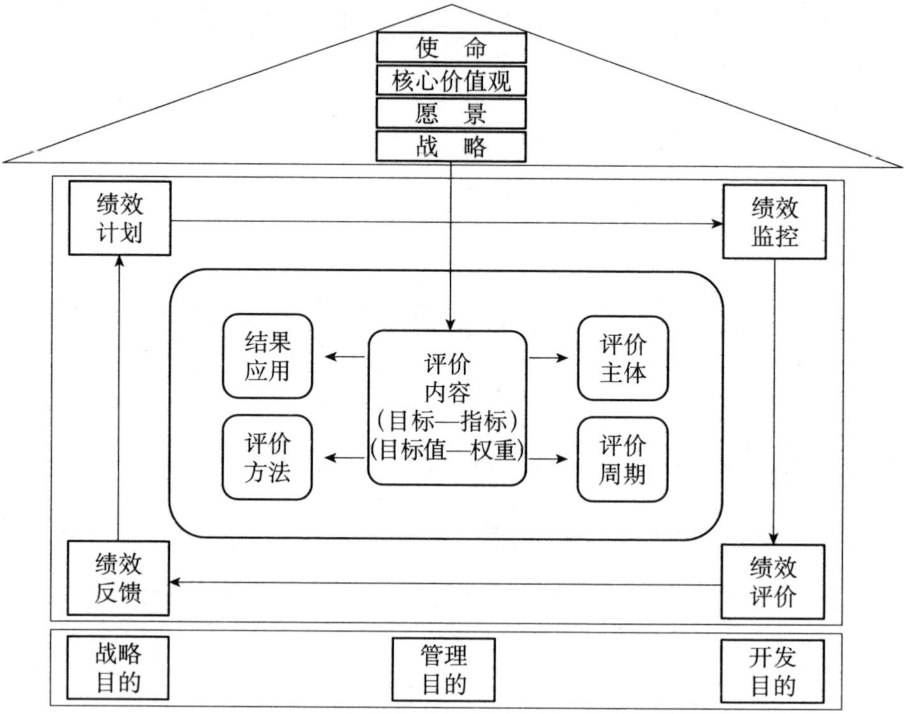

图 3－1　公共部门绩效管理系统模型

第二节　公共部门绩效管理系统模型的构成

一、公共部门绩效管理的三个目的

公共部门绩效管理的“三个目的”是检验公共部门绩效管理

系统设计和实施有效性的三个方面。各级公共部门内的一切绩效管理活动都是围绕公共部门绩效管理的目的展开的。偏离了目的，公共部门绩效管理就失去了存在的价值和意义。归纳起来，公共部门绩效管理的目的主要有以下三个。

1. 战略目的

公共部门绩效管理与公共部门的战略密切相关。公共部门战略的实现离不开公共部门绩效管理系统，而公共部门绩效管理系统也必须与公共部门的战略目的密切联系才具有实际意义。公共部门绩效管理系统能够将员工的具体工作与公共部门的战略部署结合起来，通过采用先进的管理工具，把各级公共部门组织整体、部门和员工个人绩效紧密地联系在一起，在员工个人绩效提升的同时促进公共部门组织整体绩效的提升，从而确保公共部门战略规划的实现。因此，在运用公共部门绩效管理系统实现战略目的时，首先应当明晰公共部门的战略规划和部署，通过战略目的的承接与分解，将公共部门的战略目的逐层落实到各级公共部门和员工个人，并在此基础上制定相应的绩效评价指标体系，设计相应的绩效评价和反馈系统。各级公共部门的管理者可以通过绩效评价指标体系来引导下属的行为，帮助下属正确认识自己的优势与不足，使下属的努力与公共部门整体的战略保持高度的一致，促使公共部门战略目的的顺利实现。

2. 管理目的

公共部门绩效管理的管理目的主要是指通过评价员工的绩效

表现并给予相应的奖惩，以激励和引导员工个体不断提高自身的工作绩效，从而最大限度地实现公共部门的战略目的。公共部门的各项管理决策都离不开及时准确的绩效信息，绩效评价结果是各级公共部门管理者做出培训、晋升、奖励及处罚等管理决策的重要依据。虽然这些决策都十分重要，但是不少作为绩效信息来源的公共部门的管理者，却将绩效评价过程视为一项为了履行自己的工作职责而不得不做的、令人为难的工作。他们往往倾向于给所有的下属都打高分或者至少是给予他们相同的评价，以至于绩效评价信息失去实际意义。因此，要真正实现公共部门绩效管理系统的管理目的并不是一件容易的事情。这就要求各级公共部门的管理者通过计划绩效为既定目标的分解和实施确定具体可行的行动方案；同时通过对目标实施过程进行有效的监督和控制，实现有限资源的合理利用和配置；更为重要的是，通过设计科学、规范的公共部门绩效评价系统保障绩效评价结果的公平性和有效性，从而不断地提高员工的工作绩效和公共部门的整体管理水平，确保公共部门绩效管理目标的顺利达成。

3. 开发目的

公共部门绩效管理的开发目的主要是指各级公共部门的管理者通过公共部门绩效管理过程来发现下属员工存在的不足，以便对其进行有针对性的培训或轮岗锻炼，从而使下属能够更加有效地完成工作。在现实中，为了实现公共部门绩效管理的开发目的，当下属没有达到预期的绩效目标时，上级就需要与下属面对面地讨论他们的绩效差距。通过绩效反馈环节，上级不仅要指出下属绩效不佳的方面，同时还要帮助他们找出绩效不佳的原因，比如技能缺陷、动力不足或某些外在的障碍等，继而针对问题采取措施，制定相应的绩效改进计划。只有这样才能够更有效地帮助下属增加知识、提高技能和素质，促进员工个人的发展和公共部门绩效管理开发目的的实现。

二、公共部门绩效管理的四个环节

为了确保公共部门绩效管理的有效性，各级公共部门的管理者作为公共部门绩效管理主体在进行绩效管理时，需要严格按照计划绩效、监控绩效、评价绩效和反馈绩效这四个环节来展开。

1. 计划绩效

现代组织处于急剧变化的环境中，组织发展所面临的宏观、微观环境瞬息万变，各级公共部门要想树立良好的组织形象，顺利实现公共部门既定的战略规划，第一步就需要系统化的前瞻性思考和对行动方案的缜密设计。作为整个公共部门绩效管理过程的起点，计划绩效的过程更加强调上级和下属互动式的沟通和全员的参与，使上级和下属在如何实现预期绩效的问题上达成共识。因此，绩效计划的内容除了包括最终的员工个人绩效目标之外，还包括为了达到计划中的绩效结果，双方应做出什么样的努力、应采用什么样的方法等内容。但这并不是说绩效计划一经制定就不可改变，环境总是在不断地发生变化，在计划实施过程中往往需要根据实际情况进行一定的调整。

2. 监控绩效

公共部门绩效管理的第二个重要环节就是监控绩效，这是一个不可或缺的环节，也是整个绩效周期中历时最长的环节。监控绩效作为连接计划绩效和评价绩效的中间环节，对绩效计划的顺利实施和员工个人绩效的公平评价有着极其重要的作用。它要求各级公共部门的管理者在整个公共部门绩效管理循环的实施过程中，与下属进行持续的绩效沟通，了解下属的工作状况，预防并解决公共部门绩效管理过程中可能出现的各种问题，帮助下属更好地完成绩效计划。在监控绩效阶段，上级主要承担两项任务：一是采取有效的管理方式监控下属的行为方向，通过持续不断的双向沟通，了解下属的工作需求并向下属提供必要的工作指导；二是记录工作过程中的关键事件或绩效数据，为评价绩效提供信息。

3. 评价绩效

作为公共部门绩效管理过程中的第三个环节，评价绩效特指相关评价主体依据公共部门既定的使命和目标，遵循一定的程序，综合运用多种评价方法和技术，对一定时期内公共部门的管理和服务情况进行评定和判断的过程。需要注意的是，评价绩效不能与其他环节相脱离，应当把评价绩效放到公共部门绩效管理的过程中，将其看作公共部门绩效管理过程中的一个环节。首先，绩效评价不可能与绩效监控过程中的绩效沟通相分离。上下级之间进行绩效沟通的过程实际上也是评价者观察评价对象绩效情况的过程。其次，公共部门绩效管理不是简单的绩效评价，更为重要的是通过客观、公正的绩效评价得到详尽、有效的绩效信息，使上级管理者能够通过绩效评价的结果，向下级反馈其绩效优秀或绩效不佳的原因。因此，评价绩效作为公共部门绩效管理过程中的核心环节，也是技术性最强的一个环节，需要管理者对其给予特别的关注。

4. 反馈绩效

反馈绩效是指在评价绩效结束后，公共部门的管理者与下属通过绩效反馈面谈，将评价结果反馈给下属，并共同分析绩效不佳的方面及其原因，制定绩效改进计划的过程。通过反馈绩效，下属可以知道上级对他们的评价和期望，从而不断地修正自己的行为；而上级管理者也可以通过反馈绩效指出下属的绩效水平和存在的问题，从而有的放矢地进行激励和指导。因此，公共部门绩效管理的目的绝不只是为了得出一个评价等级，而是要提高员工绩效，确保员工个人的工作行为和工作产出与公共部门的目标保持一致，从而实现公共部门的整体战略规划。

三、公共部门绩效管理的五项关键决策

使命是指组织存在的理由，核心价值观是指组织中的全体成员在决策和行动过程中需要共同遵守的行动准则，愿景是组织描绘的发展蓝图和中长期目标，战略则是实现和达成这些目标的途径和选择。使命、核心价值观、愿景和战略共同决定了公共部门绩效评价内容的选择，而评价内容又是决定评价主体、评价方

法、评价周期以及结果应用的核心和关键。为了落实公共部门的使命、核心价值观、愿景和战略，最终达成公共部门绩效管理的三个目的，各级公共部门在开展绩效管理四个环节的工作时，必须把握好五项关键决策。这五项关键决策的具体内容，我们在本书后面有关公共部门绩效管理四个环节的章节中将详细介绍，这里仅作概要性的提示。

1. 评价内容

所谓“评价内容”，即“评价什么”，是指如何确定绩效评价的指标、权重及目标值。为了确保公共部门战略目的的实现，需要在公共部门绩效管理过程中，将各级公共部门的战略目的转化为可以衡量的绩效评价指标，从而将公共部门战略目的的实现具体落实到各个部门和每个员工身上。首先，通过明晰各级公共部门的使命、核心价值观、愿景、战略以及明确各级公共部门的阶段性工作任务来设计各级公共部门整体绩效的评价指标；其次，依据各级公共部门的职责和通过承接或分解公共部门的战略目标来制定各级公共部门的绩效评价指标；最后，员工个人绩效的评价指标则可以根据员工的职位职责和通过承接或分解公共部门的绩效目标来确定，最终形成的绩效评价指标体系主要由工作业绩类指标以及少量的态度类指标组成。因此，公共部门绩效评价指标体系的战略导向和行为引导作用很大程度上体现在政府绩效评价指标的选择和设计上。

2. 评价主体

所谓“评价主体”，即“谁来评价”，是指对评价对象做出评价的组织、部门及个人。通常，评价主体可分为内部评价主体和外部评价主体。内部评价主体包括上级、同级、下级；外部评价主体包括立法机关、审计机关、社会公众、大众传媒、专业评估机构等利益相关者。在设计公共部门绩效评价体系时，选择正确的评价主体，确保评价主体与评价内容相匹配，是一项非常重要的原则，即根据所要衡量的绩效目标以及具体的评价指标来选择评价主体。根据这一原则，评价主体应当及时、准确地掌握信息，对评价对象的职能、职责、绩效目标及实际产出有比较充分的了解，才能确保评价结果的合理性和有效性。例如，对于工作业绩类指标，显然下属的直接上级和主管领导最清楚，适合由上级进行评价；而态度类指标的评价主体则可以扩展到同级和下级，甚至是外部利益相关者，由他们来共同进行评价。

3. 评价周期

评价周期所要回答的问题是“多长时间评价一次”。评价周期的设置应尽量合理，既不宜过长，也不能过短。如果评价周期太长，评价结果就会出现严重的“近期误差”，即：人们对最近发生的事情记忆深刻，而对以往发生的事情印象淡薄，评价主体会根据评价对象近期的表现来判断其整个绩效周期的表现，这样会导致绩效评价信息的失真并且不利于个人绩效的改善。但是，如果评价周期太短，一方面许多工作的绩效情况可能还没有体现出来，另一方面过度频繁的绩效评价也会造成评价主体的工作量过大。在实际的管理实践中，评价周期与评价指标、公共部门的职能特点、具体的职位等级和类别以及绩效实施的时间等诸多因素有关，采用年度、季度、月度甚至工作日作为评价周期的情况都有，因此，选择绩效评价周期时不宜一概而论、“一刀切”，而应根据管理的实际情况和工作的需要，综合考虑各种相关影响因素，选择适当的绩效评价周期。

4. 评价方法

所谓“评价方法”，就是判断公共部门组织、部门和员工个人工作绩效时所使用的具体方法。选择正确的公共部门绩效评价方法对于得到公正、客观的绩效评价结果有着重要的意义。各种不同的评价方法都是管理实践积累的宝贵财富。通常，评价方法可以划分为两大类：相对比较和绝对比较。每类又细分为若干具体的评价方法，其中相对比较包括排序法、配对比较法等，绝对比较包括等级鉴定法、行为锚定量表法和混合标准量表法等。每种方法都各具特点，并无绝对优劣之分，各级公共部门应根据具体情况进行选择，总的原则是根据所要评价的指标特点选择合适的评价方法。

5. 结果应用

公共部门绩效评价结果能否被有效应用，关系到整个公共部门绩效管理系统的成败。在公共部门管理实践中，公共部门绩效评价结果主要用于两个方面：一是通过分析绩效评价结果，诊断下属存在的绩效差距，找出产生绩效差距的原因，制定相应的绩效改进计划，以提高员工的工作绩效。二是将绩效评价结果作为人力资源管理各项决策的依据，如培训开发、职位晋升和薪酬福利等。绩效评价结果具体应用于哪些方面是与评价指标的性质相联系的，如态度类指标的评价结果可应用于职位晋升、培训开发和薪酬福利等决策，工作业绩类指标则可直接应用于薪酬福利等决策。如果公共部门绩效评价结果没有得到相应的应用，就会产生公共部门绩效管理“空转”现象，评与不评一个样，评好评差一个样，公共部门绩效管理就会失去应有的作用。

第二篇

公共部门绩效管理系统

第四章　绩效计划：明确绩效目标

第一节　何为公共部门绩效计划

一、公共部门绩效计划的内涵

根据管理学的一般原理，计划既是制定目标的过程，也是这一过程达成的预期目标，既涉及目标（做什么），也涉及达成目标的方法（怎么做）。计划的目的和作用在于，给出行动的方向，降低变化的冲击，减少浪费和冗余，设立标准以利于控制。同样，绩效计划既是对工作绩效有目的地进行计划的过程，也是这一过程所最终形成的绩效目标协议，因此绩效计划同样具有计划的一般功能和特点。

公共部门绩效计划是指在新的绩效周期开始时，公共部门的管理者依据组织的战略规划和年度工作计划，通过与下属进行绩效计划面谈，共同确定组织、部门以及个人的工作任务，并签订绩效目标协议的过程。绩效计划是公共部门绩效管理过程中的首要环节，在公共部门绩效管理体系中具有不可忽视的重要作用。

专栏

2017年11月，杭州市综合考评委员会（杭州市绩效管理委员会）审议通过了《杭州市“十三五”绩效管理总体规划》，被称为国内首部政府绩效管理规划。该规划从“主推改革发展、落实战略目标，破解民生难题、回应公众诉求，转变机关作风、优化发展环境，引领政府创新、推进现代治理，完善体制机制、优化综合考评”等五个方面提出了杭州“十三五”绩效管理要达到的主要目标，明确了“突出战略导向，推动重大目标实现；突出问题导向，促进短板问题整改；突出创新导向，全面提升创新能力；突出标准引领，构筑现代治理规范；突出部门联动，强化专项绩效管理；突出依法管理，落实绩效管理制度”等六个方面的重点任务，是指导“十三五”时期杭州市政府绩效管理工作的纲领性文件。

二、公共部门绩效计划的制定

在制定公共部门绩效计划时，首先需要对公共部门绩效计划的步骤和方式进行明确的规定，围绕公共部门的发展战略和总体目标来制定绩效计划，以确保制定的计划能够引导各级公共部门组织和全体成员沿着组织战略的方向前进。

1. 准备阶段

在新的绩效周期开始之前，需要由上级主管领导及绩效管理机构的相关成员组成一个绩效管理委员会，开始对组织的整体战略和具体目标进行讨论和规划。在公共部门绩效计划的准备阶段，主要工作是 SWOT 分析、交流信息和绩效动员。

SWOT 分析是一种对组织内外部环境和条件等各方面因素进行综合和概括，进而分析组织的优势（strength）和劣势（weakness）、面临的机会（opportunity）和威胁（threat）的一种分析方法。其中，优势和劣势是组织的内部因素，机会和威胁则是组织的外部因素。一个组织的战略应是该组织“能够做的”（即组织的优势和劣势）和“可能做的”（即面临的机会和威胁）之间的有机组合。因此，通过 SWOT 分析，可以帮助公共部门把资源和行动聚集在自己的优势和机会最多的地方，从而使组织的战略更加清晰、明了。表 4－1 是黑龙江省海林市 2010 年的 SWOT 分析示例。

表 4－1　　黑龙江省海林市 2010 年的 SWOT 分析示例

内部优势（S）	海林市四次党代会确定的目标绝大部分提前两年完成，我市综合实力迈进“全省十强第一军团”；招商引资“一号工程”成为普遍共识和自觉行动，大项目建设实现历史性突破；城市建设兑现了施工期让群众“一月看到一次变化”的承诺，向“北方生态文明城”目标又迈进了一大步；统筹城乡协调发展，在新农村建设上实现了新跨越；深入开展学习实践科学发展观活动，广大党员干部干事创业的激情进一步释放。
内部劣势（W）	“经济总量不大，发展速度不快”的矛盾依然突出；重大项目进展乏力，财源结构还不够合理；经济结构调整尤其迫切，主导产业升级任务繁重；群众关注的一些热点难点问题还没有完全解决好，信访稳定压力仍然较大；部分干部作风还不实，服务意识不强，群众还有怨言，客商还有意见。

续表

外部机会（O）	中央继续实施积极的财政政策和宽松的货币政策，继续加大对基础设施、社会事业等方面的投入力度；我省建设“八大经济区”、实施“十大工程”，大力支持县域经济发展，加快旅游名镇建设；绥芬河保税区今年将正式运营，“长吉图先导区”上升为国家级战略等，为我们加快项目建设、转变发展方式、扩大对外开放提供了更为广阔的舞台。
外部“威胁”（T）	我国正面临着国际贸易保护主义的重压，俄罗斯资源出口限制性政策加剧，对我市的部分战略投资者和林木加工业冲击较大；区域竞争更加激烈，肇东、双城、阿城等“第一军团”发展态势依然迅猛，尚志、宾县、安达竞相发展，穆棱、宝清等地发展迅速，部分县市视我市为赶超对象，既给我们带来了压力，也增添了动力。

交流信息主要是在绩效管理委员会和评价对象之间进行，需要交流的信息主要包括两方面的内容：一是公共部门的使命、核心价值观、愿景和战略。无论是下属单位还是员工个人，都需要对公共部门的发展战略和整体目标有一个全面、深入的理解和把握，这样既可以增强评价对象的大局观念，使其从整体的视角和组织的高度对自身的绩效目标进行审视，又可以使其明确自己对于组织总体绩效的贡献程度，从而激励其努力实现绩效目标。二是评价对象工作和职位的相关信息，如组织职能、职位职责、绩效诉求等，交流这些信息有助于使绩效目标的设置更加科学、合理。具体而言，交流信息的渠道包括每年的总结大会，各单位以及部门的例会和传达会，领导干部的走访和调研，各种文件、通告、内部网络以及内部刊物等；另外，一些非正式的交流渠道也是交流信息的重要方式。

除了 SWOT 分析和交流信息之外，绩效动员也是这一阶段的主要任务。绩效动员主要是通过沟通和培训，让评价对象能理解公共部门绩效管理的重要作用、公共部门绩效评价体系的运行机制以及相应管理结构的职责权限、自身的权利和义务等内容，这些对于科学地评价公共部门绩效，确保公共部门绩效管理系统有序运行非常必要。通常，公共部门绩效计划阶段的沟通和培训应由公共部门绩效管理的主管机构组织实施，并通过自上而下、层层传达的方式确保各级公共部门组织和全体成员都能够清晰地了解和理解公共部门的使命、核心价值观、愿景、战略及自身的职位职责和绩效之间的关系和连接机制等，从而使其认识到绩效管理不是束缚的枷锁，而是提升绩效的有效手段，从而使全体成员都积极投身到公共部门的绩效管理之中。

2. 沟通阶段

沟通是现代管理实践中的一个重要课题，几乎任何工作都离不开有效的沟通，在公共部门绩效计划阶段也是如此。在做好了充分的准备后，上下级双方可就绩效管理周期内的评价内容、评价方法、评价主体、评价周期等内容进行深入的沟通和讨论。在此，再次强调公共部门绩效计划是一个双向沟通的过程，评价对象如果能够成功地参与到公共部门绩效计划的制定过程中，他们会认为自己是组织中重要的组成部分，从而激发其对组织的满足感和认同感。公共部门绩效计划并不是一纸空文，而是各级公共部门组织、部门和员工个人日后的努力目标和行动纲领，如何达成绩效计划协议对于公共部门绩效计划的实施有着非常重要的意义。在任何类型的设计活动中都有一项根本原则，那就是把将要使用系统的相关人员吸收到这个系统的设计过程中来。这意味着上级领导和下属都要对公共部门绩效计划的形成做出自己的努力和贡献，使得评价对象在参与自己绩效目标和标准的计划过程中形成一种心理承诺。

在准备阶段，各级公共部门组织和个人都已经了解了政府组织的使命、核心价值观、愿景、战略以及组织的总体目标，并且明确了自身的职位职责和工作要求，接下来就需要沟通有关具体绩效目标、评价指标以及行动方案的问题。在此阶段中，绩效计划会议是最主要的沟通方式。召开这种会议首先要注意创造一种良好的环境和气氛，尽可能减少环境和气氛所带来的压力，同时减少来自外界的干扰，并要注意避免任何可能的中断。双方进行公共部门绩效计划沟通时的一项重要原则就是“多问、少讲”，采用引导的方法让评价对象为自己设定目标，而不是告诉他要做什么。在通常的情况下，公共部门绩效计划沟通时应该至少回答以下四类问题：

- 该完成什么工作目标？
- 按照什么样的程序完成目标？
- 何时完成目标？
- 花费多少？使用哪些资源？

3. 制定阶段

在经过周密的准备，进行了多次沟通之后，公共部门绩效计划就初步形成了。为了使公共部门绩效计划真正发挥作用，还需要对公共部门绩效计划进行审查和检验，确定以下内容是否达成。

- 各级公共部门组织和个人的绩效目标与公共部门的使命、

核心价值观、愿景、战略和整体目标紧密相连，并且各级公共部门组织和个人清楚地知道自己的绩效目标与整体目标之间的关系。

- 公共部门绩效评价指标体系能够切实反映绩效管理周期内各级公共部门组织和个人的工作职责和职位要求，且没有缺失或溢出的情况。

- 公共部门绩效计划中已经就各级公共部门组织和个人的主要工作任务、各项工作任务的重要程度、完成任务的标准以及在完成任务过程中享有的权限等达成了共识。

- 评价双方都十分清楚在完成工作目标的过程中可能遇到的困难和障碍，并且明确相关单位及人员所能提供的支持和帮助。

- 形成了一个经过双方协商讨论的公共部门绩效协议，该协议中包括具体的绩效目标、绩效评价指标、绩效评价标准及权重，并且主管人员和评价对象双方都要在该协议上签字。

最后要说明的是，保证计划的时效性十分重要，应随时更新和补充内容，使公共部门绩效计划更具灵活性和动态性，以适应环境的变化和挑战。

第二节　公共部门绩效目标的制定

公共部门绩效目标是公共部门绩效计划的关键内容，是连接组织战略与绩效管理系统的纽带。公共部门绩效目标体系是对组织战略的分解和细化，是制定绩效指标、绩效评价标准和行动方案的起点和基础。

一、公共部门绩效目标的内涵

在公共部门绩效管理系统模型中，公共部门绩效目标是指上级与下级在公共部门的使命和核心价值观的指引下，对愿景和战略进行分解和细化，具体体现为绩效主体在绩效周期内需要完成的各项工作。目前对公共部门绩效目标的理解主要有两种：一种是将公共部门绩效目标理解为“绩效指标加上目标值”，比如“中心城绿色出行比例达到 75%”和“城镇登记失业率小于 4%”等；另一种则是将绩效目标理解为绩效的行为对象，具体表现为一个动宾词组，比如“促进基本公共服务均等化”和“保障食品药品安全”等。

公共部门绩效目标的来源主要有两类。首先，公共部门绩效目标来源于对公共部门战略的分解和细化。我国从中央到各级地方政府每隔五年都会制定一次发展规划，明确未来五年时间的发展目标和具体战略。通过对公共部门战略的分解和细化，可以形成公共部门组织绩效目标、部门绩效目标和员工个人绩效目标，进而引导各个公共部门都按照组织要求的方向去努力，从而确保组织战略的顺利实现。其次，公共部门绩效目标来源于职位职责。职位职责描述了一个职位在组织中扮演的角色，即这个职位对组织有什么样的贡献或产出。职位职责相对比较稳定，除非该职位从根本上发生变化。

二、公共部门绩效目标制定的 SMART 原则

在制定公共部门绩效目标时应遵循以下五条原则，通常我们将它们简称为 SMART 原则。这五条原则分别是：

- S：绩效目标应该是明确具体的（specific）。所谓明确具体，指的是绩效目标应该尽可能地明细化和具体化。因为各级公共部门组织、部门和员工的情况各不相同，所以公共部门绩效目标应该明确、具体地体现出相应的绩效要求。只有将这种要求表达得尽可能准确和可操作，才能够引导各级公共部门组织、部门和员工更好地去实现绩效目标。

- M：绩效目标应该是可衡量的（measurable）。所谓可衡量，就是可以将各级公共部门组织、部门和员工的实际绩效表现与绩效目标相比较，即绩效目标应该提供一种可供比较的标准和目标值。需要指出的是，可衡量并不意味着一定要绝对的定量指标。对于公共部门而言，定性指标也经常出现在公共部门绩效评价体系当中。

- A：绩效目标应该是有行为导向的（action-oriented）。绩效目标应该能够引导各级公共部门组织、部门和员工的行为，因此公共部门绩效目标应具有行为导向的特征。这实际上是要求绩效目标不应该仅仅是一个能够衡量的最终结果，还应该包含对各级公共部门组织、部门和员工在实现绩效目标过程中的行为的约束和引导。

- R：绩效目标应该是切实可行的（realistic）。在设置公共

部门绩效目标时，还需要考虑到目标的可行性，即制定的公共部门绩效目标既不能过高也不能过低，应该刚好反映组织的绩效期望，又能够使各级公共部门组织、部门和员工通过努力而达成。

● T：绩效目标应该是受时间和资源限制的（time and resource constrained）。公共部门绩效目标应带有时限要求和资源限制，比如“在A时间内，投入不超过10 000元，使S指标增长30%”，而不是“在A时间内，在合理投入的情况下使S指标增长30%”。这种时间和资源限制实际上是对目标实现方式的一种引导。

第三节　公共部门绩效指标的设计

在确定公共部门绩效目标之后，为了衡量这些目标是否达成，就需要进一步设计公共部门绩效指标。将公共部门绩效目标转化为可衡量的公共部门绩效指标，是公共部门绩效计划阶段又一项具有较高技术含量的工作。

一、公共部门绩效指标的内涵与类型

指标（indicator）是指衡量目标的单位或方法，是指目标预期达到的指数、规格、标准。公共部门绩效指标是用来衡量公共部门绩效目标达成的标尺，即通过对公共部门绩效指标的具体评价来衡量公共部门绩效目标的实现程度。由于公共部门绩效指标直接面向绩效评价，因此公共部门绩效指标也叫公共部门绩效评

价指标或公共部门绩效考核指标。

根据绩效评价的内容不同，可以将公共部门绩效指标分为工作业绩评价指标和工作态度评价指标。

（1）工作业绩评价指标。所谓工作业绩，就是公共部门履行职能所产生的结果。工作业绩评价指标是对公共部门履行职能效果的直接衡量，反映了公共部门的既定目标是否实现。组织成功的这些关键要素决定了绩效评价中需要确定的关键绩效结果。这种关键绩效结果规定了在评价员工绩效时应着重强调的工作业绩评价指标。这些指标可能表现为该职位的关键工作职责履行情况或一个阶段性的项目完成情况，也可能表现为年度的综合业绩。在设计工作业绩评价指标时，通常的做法是，将业绩具体表现为完成工作的数量指标、质量指标、工作效率指标以及成本费用指标，这四类指标都属于工作业绩评价指标。

（2）工作态度评价指标。在组织中常常可以看到这样的现象：一个能力很强的人出工不出力，未能实现较高的工作业绩；而一个能力一般的员工兢兢业业，却做出了十分突出的工作业绩。这两种不同的工作态度产生了截然不同的工作结果。因此，工作态度在一定程度上也影响了一个员工的实际工作业绩。为了对员工的行为进行引导从而达到绩效管理的目的，在绩效评价中应引入对工作态度进行评价的指标。

二、公共部门绩效指标体系的设计思路

综合性的绩效评价体系具有多重的价值标准、多向的维度以

及多元的评价主体，单一的成本、效率、产出等指标已经难以反映出大型复杂组织的绩效状况和未来的发展趋势，因此，构建一个有效可行的公共部门绩效评价指标体系成为实施公共部门绩效管理的重要前提。从国内外公共部门绩效评价的研究和实践出发，公共部门绩效评价指标体系设计的基本思路主要包括以下几种类型。

1. 以公共部门内部管理为视角设计公共部门绩效评价指标

美国锡拉丘兹大学马克斯韦尔学院的帕特丽夏·英格拉姆教授等学者，推崇从管理能力的视角设计公共部门绩效评价指标体系，这一观点主要反映在美国联邦政府绩效项目（Government Performance Project，GPP）中。在该项目中，研究者提出了“管理黑箱理论”，认为人们对于公共部门内部输入与输出之间相互转化的过程知之甚少，政府绩效就像是经过暗箱里的一系列操作而产生的。在 GPP Ⅰ 中，他们将绩效评价指标体系分为财政管理、信息技术管理、人力资源管理、资本管理和面向结果的管理，为每个体系相应地设计了一系列评价指标，并根据被评价政府部门的反馈意见加以完善。在 GPP Ⅱ 中，研究者对前一阶段的指标体系进行了修正和调整，将 GPP Ⅰ 中所关注的绩效项目由原来的 5 个减少到 4 个，并加入了信息和基础设施的绩效评价内容。

2. 以绩效审计为视角设计公共部门绩效评价指标

在现代公共部门中，绩效审计为各国公共部门增强公共管理的效果、明确公共管理责任、提高政府行为透明度等提供了一种有效的手段和途径。经过半个多世纪的发展，政府绩效审计已形成了包括经济性、效率性和效果性三个方面的评价要素体系。经济性、效率性和效果性是既相互区别又相互联系的三个要素。经济性审计主要局限于资源方面，即“投入”方面。效率性审计主要涉及对资源使用情况的审查，即“投入”与“产出”的关系。如果以较少的投入获得一定数量的产出，或以一定数量的投入获得更多的产出，都可以说效率是高的。而效果性审计则是对经济活动产出情况的审查。目前，随着社会的不断发展和政府职能的进一步转变，一些学者还提出政府绩效审计应该增加两个新的要素：公平性和环保性。

3. 以项目逻辑为视角设计公共部门绩效评价指标

根据公共部门绩效产出的逻辑关系，公共部门绩效的产生过程可简单划分为投入、过程、产出和结果四个环节，这四个环节构成了公共部门绩效产出的价值链。投入类指标通常是对支持所有公共部门工作的资源的衡量，例如工作人员数量、工作场所、信息化程度等。过程类指标来源于开展政府各项工作的基本过程，包括具体的工作量、工作时间投入、工作实施的具体状况等。需要特别区分的是产出类和结果类两种指标，二者在公共部门绩效评价的过程中常常被混淆或被忽略。有效区别二者之间的逻辑关系，对全面有效地衡量公共部门绩效具有非常重要的意义。具体而言，产出表示的是在一个项目操作过程中的表现及阶段性成果，而结果是项目最终的成果或者效果。根据项目逻辑，产出几乎没有内在的价值，因为它并不直接构成收益。但产出是必要的，因为它会影响未来的收益或者引发改变而达到理想的期望值。产出类指标应该被看作成功的必要条件而非充分条件。产出是一个项目工作的直接产品和服务，如果没有高质量的、数量适宜的产出，一个项目工作就不能产生预期的结果。通常来说，产出在很大程度上受项目的管理者所控制，结果则更多地受项目外所不能控制的因素影响。因此，产出并不能保证会获得结果。产出类指标和结果类指标的区别示例如表 4－2 所示。为了监控项目工作的绩效，对产出和结果进行评价是非常必要的。

表 4－2　　　　产出类指标和结果类指标的区别示例

项目工作	产出	结果
犯罪控制项目工作	对求助电话的应答 犯罪调查成效 进行拘捕 破案	减少犯罪行为 减少犯罪导致的伤亡 减少犯罪导致的财产破坏和损失
公路建设项目工作	项目设计 建成公路的里程 重建公路的里程	公路容量增加 提高车流量 减少旅程耗时
艾滋病预防项目工作	应答热线电话 测试艾滋病抗体研讨会 治疗艾滋病患者 接待患者的咨询并提供指导	增加与艾滋病相关的知识和治疗方法 减少危险的行为 减少 HIV 携带者 ……

资料来源：波伊斯特．公共与非营利组织绩效考评：方法与应用．北京：中国人民大学出版社，2005：39.

4. 以战略管理导向为视角设计公共部门绩效评价指标

20 世纪 80 年代以来，随着公共部门战略思维的逐渐兴起及其对科学化绩效管理的迫切需求，战略性绩效管理进入了公共部门的视野，并在管理实践和理论研究方面取得了迅速的发展，逐渐成为帮助公共部门落实组织战略、强化绩效管理的有效途径。美国公共行政学会（American Society for Public Administration, ASPA）的“绩效和责任中心”（Center for Accountability and Performance, CAP）通过五年的研究探索，于2000年开发出了一个实施绩效管理的战略管理模型，如图4-1所示。这一模型的特点主要包括以下几个方面：一是这一模型系统性强，层次清晰，有较强的可操作性。该模型由环境分析、明晰使命和愿景、设置目标体系、制定整合各种资源的行动方案、评价和测量结果、实施跟踪和监控这一逐级递进的过程所组成。二是这一模型的目的在于建立“以结果为导向”的公共服务提供体系。三是该模型强调绩效测量的目的在于落实责任和持续改进。四是通过这一模型可以整合并且提高组织各层面以及各领域的绩效水平，并使其保持相互之间的协调一致。每个部门和人员都可以通过这一模型提供的逻辑思路，清楚地了解自己未来工作的路线图：我们现在身处什么位置？我们将要到哪里？我们如何才能到达那里？为了到达那里，我们如何测定我们的进程？以及如何判别我们最终是否达到目标？在所有的管理模型中，对核心概念的界定是非常重要的一步。在“责任和绩效中心”的战略管理模型中，这些重要概念包括：使命、愿景、目的、目标、产出和结果等。

此外，随着目标管理、关键绩效指标、平衡计分卡等绩效管

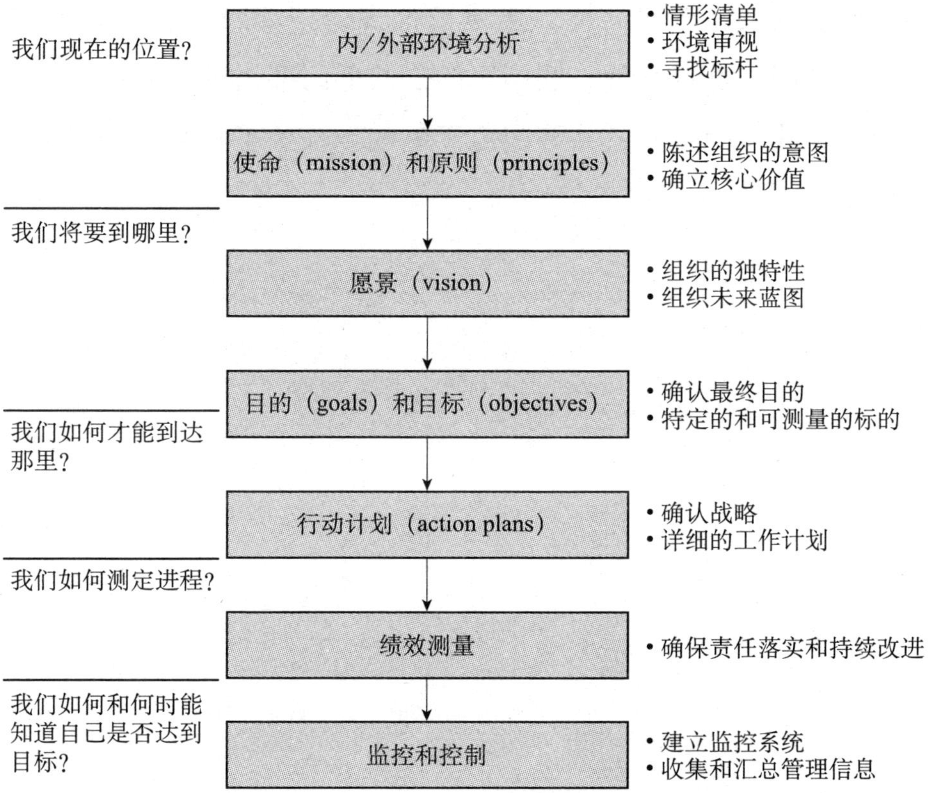

图 4-1　融入目的、目标和绩效测量的战略管理模型

资料来源：CAP. Performance measurement：concepts and techniques. Washington D. C.：ASPA，2000.

理工具在企业组织中应用的日趋成熟，公共部门也开始逐步引进和导入先进的绩效管理工具来探索和构建有效的公共部门绩效评价指标体系，以确保公共部门使命、核心价值观、愿景和战略的全面落地。美国在尼克松政府时期曾举国推行目标管理。而源于目标管理思想的“目标责任制”也是我国最早应用于公共部门绩效管理实践中的探索之一。近些年，关键绩效指标在公共部门中的应用也日渐广泛，很多关于公共部门绩效评价指标体系设计的研究都借鉴了关键绩效指标的思想。平衡计分卡更是凭借其理念的先进性和设计的科学性，迅速被很多公共部门所关注，美国、英国、韩国以及日本等一些国家的公共部门都引进并应用了平衡计分卡，我国的一些公共部门也于近些年开始了平衡计分卡的应用探索。

第五章　绩效监控：持续绩效辅导

第一节　何为公共部门绩效监控

一、公共部门绩效监控的内涵

管理学的基本职能包括计划、组织、领导和控制。不能简单地将绩效监控与管理学中“控制”的概念等同起来，更不能将其简单视为一个束缚下属手脚的贬义词。绩效监控是为了达成组织战略目标和实现竞争力的全面提升，对绩效计划实施情况进行全面监控的过程，涉及管理学原理中的组织、领导、控制等基本职能。本书认为，公共部门绩效监控是指在绩效计划实施过程中，公共部门的管理者与下属通过持续的绩效沟通，采取有效的监控方式对下属的行为及绩效目标的实施情况进行监控，并提供必要的工作指导与工作支持的过程。其目的是确保公共部门组织、部门和员工个人绩效目标的达成。

二、公共部门绩效监控的方式

选择合适的绩效监控方式对公共部门绩效进行全面监控，是确保公共部门组织战略目标顺利实现的重要途径。公共部门的领导者需要充分了解每种绩效监控方式的优缺点，并能针对具体情况选择一种或多种监控方式，从而确保各层次绩效目标和组织战略的顺利达成。目前，最常用的绩效监控方式有书面报告、绩效会议和走动式管理三种。

1. 书面报告

书面报告是公共部门绩效监控中最常用的一种方式，主要指下级以文字或图表的形式向上级报告工作进展的情况。书面报告可以分为两种类型：一类是定期的书面报告，比如工作日志、周报、月报、季报、年报等；另一类是不定期的书面报告，主要是在绩效管理实践中，围绕对绩效影响重大的工作所做的各种专项报告，可以根据工作进展的情况做具体的安排。

书面报告能提供大量、全面的绩效信息，也可以在上级领导者和下属无法面对面沟通的时候进行及时的监控。在具体采用该方式的时候，需要注意以下三点：第一，汇报内容需要做到重点突出；第二，尽量通过绩效信息平台实现绩效信息的共享；第三，与其他方式组合使用，确保信息双向的沟通并避免汇报内容的形式化。

2. 绩效会议

绩效会议是指上级领导者和下属就重要的绩效问题，通过召开会议的形式进行正式沟通的绩效监控方式。为了使绩效会议能达到预期目的，管理者需要注意绩效会议的目的、过程以及基本技术等关键点。

召开绩效会议的目的主要包括以下几个方面：对绩效实施情况进行例行检查；对工作中暴露的问题和障碍进行分析和讨论，并提出必要的措施；对重大的变化进行协调或通报；临时布置新任务。为了达到有效监控的目的，公共部门的管理者在召开绩效会议时要注意以下几点：营造平等和谐的氛围；给予下属充分的表达机会，充分挖掘下属的积极性；会议目的具体、明确，不开无谓和冗长的会议等。

3. 走动式管理

有效的绩效监控需要建立在对绩效计划执行情况充分了解的基础上，但是对于职位职级较高的管理者而言，仅仅通过下属的汇报，往往不能准确掌握绩效计划执行情况，还需要进行实地调研，与绩效计划执行者进行面对面的沟通。走动式管理是实施公共部门绩效监控的有效方式之一。

走动式管理（management by wandering around 或 management by walking around，MBWA）是美国管理学者彼得斯与沃特曼在《追求卓越》一书中提出的，是指高层管理者为了实现卓越绩效，经常抽空前往各个办公室走动，以获得更丰富、更直接的员工工作信息，并及时了解所属员工工作困境的一种策略。走动式管理不是说管理者到各部门随便走走，而是通过非正式的沟通和实地观察，尽量收集第一手绩效信息，发现问题或潜在危机，并配合情境做最佳的判断。同时，走动式管理也是对下属汇报的绩效信息的再核查的过程，带着问题到工作实践中去分析原因和排除障碍。

第二节　公共部门绩效辅导的实施

在公共部门绩效监控的过程中，不仅需要系统、有效地组织、监督和控制，以预防和解决绩效目标实施过程中出现的问题和偏差；还需要持续有效地指导、辅导和激励，促使下属努力工作以实现既定的组织目标。在这一监控、辅导和帮助各级公共部门组织、部门和员工实现其绩效目标的过程中，各级公共部门的管理者发挥着至关重要的作用。

所谓的绩效辅导（performance coaching），是指管理者采取恰当的领导风格，在进行充分的绩效沟通的基础上，根据绩效计划，针对下属工作进展中存在的问题和潜在的障碍，激励和指导下属，以帮助其实现绩效目标，并且确保其工作不偏离组织战略目标的持续过程。管理者作为绩效辅导的主导者和推动者，不仅仅需要对下属提出的各种要求做出积极回应，还需要前瞻性地发现潜在问题并在问题出现之前予以解决。

一、公共部门绩效辅导的风格

不同领导风格的选择是决定管理者领导效果的关键因素之

一。不同的管理者在公共部门绩效监控过程中，通常会表现出不同的领导风格。在实际工作中，一些管理者往往会忽视下属的心理感受和主观能动性的发挥，选取和表现出下属难以接受的领导风格，造成与下属之间不应有的误解和摩擦，影响预期效果的达成和工作的顺利开展。因此，如何选取适宜且有效的领导风格是摆在每个公共部门管理者面前的重要课题。目前，有关这方面的研究主要集中在组织行为学领域的领导权变理论。领导权变理论认为，领导的有效性依赖于情境因素，而这些情境因素可以被分离出来，作为影响管理者行为和绩效结果的中间变量。经常被使用的中间变量包括：领导—成员的关系、任务的结构化程度、管理者的职位权力、下属的成熟度、群体规范、下属对管理决策的认可度以及下属的工作士气等。被广泛接受的领导权变理论有：情境领导理论和路径—目标理论等。

1. 情境领导理论

保罗·赫塞（Paul Hersey）和肯尼思·布兰查德（Kenneth Blanchard）在1969年提出的情境领导理论又被称作领导生命周期理论，是一种具有较大影响力的领导权变理论。情境领导理论把领导划分为任务行为和关系行为两个维度，并根据这两个维度将其组合成四种不同的领导风格：指示型、推销型、参与型和授权型（见图5-1）。

- S1 指示：高任务—低关系领导风格；
- S2 推销：高任务—高关系领导风格；
- S3 参与：低任务—高关系领导风格；

• S4 授权：低任务—低关系领导风格。

情境领导理论认为，领导风格的选择实际上取决于下属的接纳程度和能力水平的高低。可以根据下属的成熟度，即下属完成任务的能力和意愿程度，将下属分成四种类型：

• R1：下属既无能力又不愿意完成某项任务，这时是低度成熟阶段；

• R2：下属缺乏完成某项任务的能力，但是愿意去从事这项任务；

• R3：下属有能力但不愿意去从事某项任务；

• R4：下属既有能力又愿意完成某项任务，这时是高度成熟阶段。

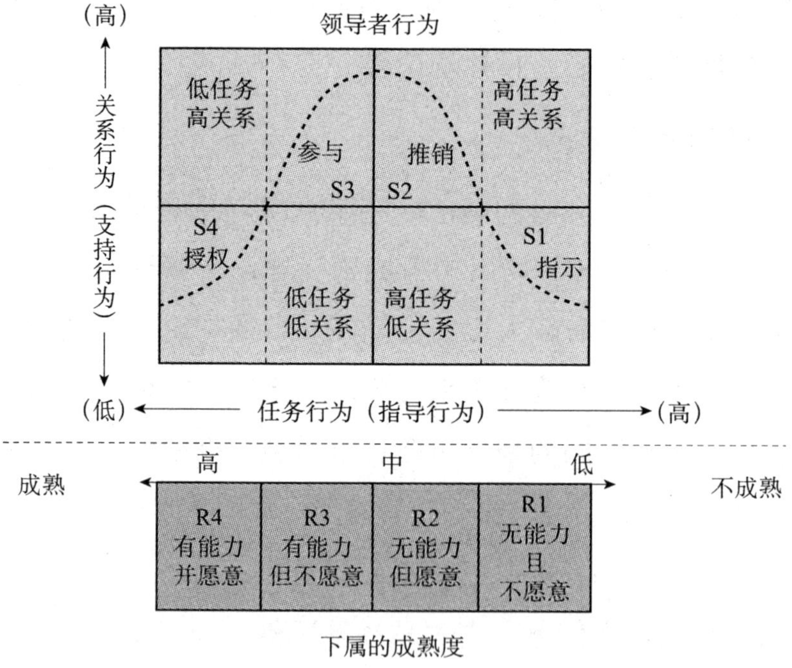

图 5-1　情境领导理论

情境领导理论的核心内容就是将四种基本的领导风格与下属的四种成熟度阶段相匹配的过程。随着下属成熟度的提高，管理者不但可以减少对工作任务的控制，而且可以减少关系行为。具体来讲，在 R1 阶段，管理者应采用给予下属明确指导的指示型风格，告诉下属应该做什么以及如何去做；在 R2 阶段，管理者需要高任务—高关系的推销型风格，为下属提供相关的帮助和指导，以强化下属的工作意愿和工作热情；到了 R3 阶段，参与型风格的领导最为有效，管理者应当采取鼓励下属参与管理的态度，以增强彼此之间的信任；而当下属的成熟度达到 R4 阶段，管理者则无须再做太多的事情，只需授权即可。

2. 路径—目标理论

罗伯特·豪斯（Robert House）于 1971 年提出了另一种领导权变模型，即路径—目标理论。该理论认为，管理者应采用特定的措施，帮助下属通过一定的路径来实现目标。管理者的领导风格能否被下属所接受，使下属产生工作上的满足感，取决于下属对管理者领导风格的认知和拥护程度。因此，管理者应选择合适的领导风格以适应下属的需求和下属的工作环境。如图 5－2 所示，豪斯提出了四种领导风格：

- 指示型领导：由管理者发布指示，下属不参加决策。
- 支持型领导：管理者对下属很友善，而且更多地考虑下属的要求，关怀下属。
- 参与型领导：下属参与决策和管理，管理者主动征求并采纳下属意见。

● 成就导向型领导：管理者为下属设置挑战性的目标，并相信下属能达到这些目标。

路径—目标理论同时提出了两种权变因素作为管理者行为和绩效结果之间的中间变量：一种是下属控制范围之外的环境，包括任务结构、正式权力系统、工作群体等；另一种是下属个性特点中的一部分，如控制点、经验、能力、受教育程度等。豪斯指出，领导风格的选用是弹性灵活的，没有固定不变的公式，同一位领导可以根据不同的情境因素选择不同的领导风格。

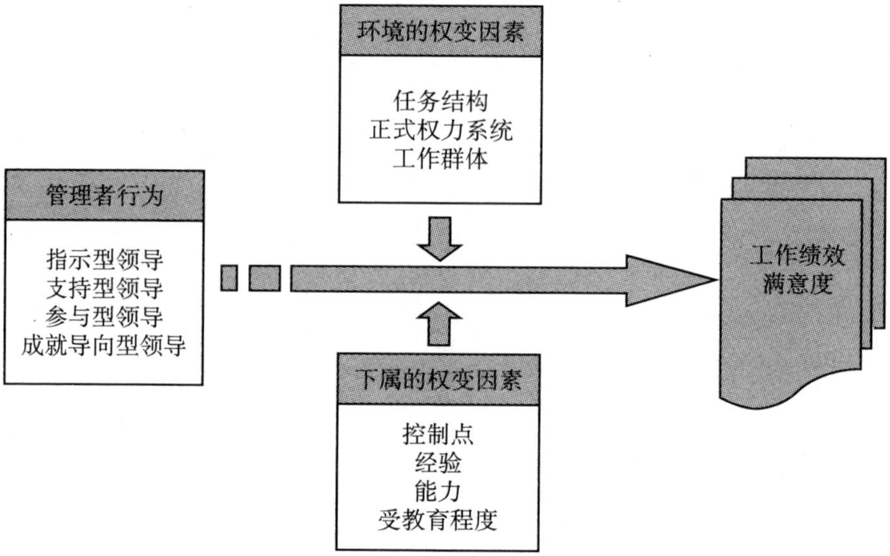

图 5－2　路径—目标理论模型

路径—目标理论认为，领导就是通过指导、引导和培养下属，以帮助下属实现目标的过程。管理者应该帮助下属明确他们的目标以及达到这些目标的路径。如果遇到障碍，管理者需要帮助下属排除或者绕开这些障碍。因此，当面对模糊不清的任务时，指示型领导会带来更高的满意度；而当任务明确具体时，支持型领导会获得较高的绩效水平和满意度；对于内控型下属而言，他们认为自身对工作环境有较强的控制力，因此应对其采取参与型领导；而外控型下属认为绩效更多取决于运气和命运，故应对其采取指示型领导；成就导向型领导可以激发下属的成就动机和自信心，使其坚信他们有能力实现目标。

随着知识经济时代的到来，员工受教育程度不断提高、学习能力不断增强、需求层次不断提升，导致员工越来越追求自我价值的实现。因此，在对这些知识型下属的领导和管理上，建议管理者们采用参与和授权的领导风格，以强化其工作动机，帮助其更好地实现绩效目标。

二、公共部门绩效辅导的运用

为了顺利地实现既定的绩效目标，在公共部门内部还需要实施积极的绩效辅导。公共部门绩效辅导关注的基本问题是通过监控下属的工作过程，发现问题并及时进行指导，从而培养下属在工作中所必需的能力和技巧。

优秀的绩效辅导者应该在以下三个方面发挥辅导作用：第一，与下属建立一对一的密切联系，向他们提供反馈，帮助下属制定能“拓展”他们目标的任务，并在他们遇到困难时提供必要的支持。第二，营造一种鼓励下属承担责任、勇于创新的氛围，促使其自我发展、不断进步。这包括让下属反思他们的经历并从中获得经验，向他人学习，不断地进行自我挑战并寻找学习新知识的机会等。第三，为下属提供学习机会，使他们有机会与不同的人一起工作。把他们与能够帮助其发展的人联系在一起，为他们提供新的富于挑战性的工作以及接触某些人或情境的机遇，使其掌握不同的知识和能力，从而更好地完成绩效目标。

1. 辅导时机

为了对下属进行有效的辅导，及时帮助下属发现问题、解决问题以更好地实现绩效目标，管理者必须把握好进行辅导的时机。一般来说，在以下时间进行辅导会获得较好的效果。

- 正在学习新技能时；
- 正在从事一项任务，而如果采取其他方法能够更加有效地完成任务时；
- 被安排参与一项大的或非同寻常的项目时；
- 面临崭新的职业发展机会时；
- 未能按照标准完成任务时；
- 不清楚工作的重要性时；
- 刚结束培训学习时。

在对下属进行绩效辅导时，管理者首先需要掌握关于下属的绩效信息。需要注意的是，公共部门绩效监控不是一项被动或偶尔为之的活动，而是通过使用特定的方法持续长久地收集数据的过程。因此，在公共部门绩效辅导之前，持续的公共部门绩效监控将有助于各级公共部门的管理者获得反映下属绩效情况所必需的信息，从而确保管理者绩效辅导能够有的放矢。

2. 辅导方式

每个人都有一种天生的或者具有倾向性的辅导风格。各级公共部门的管理者需要根据自己的辅导风格，结合恰当的辅导时机，以最大可能地增强对下属的辅导效果。图 5－3 是一个简单的辅导风格图，其中一端是教学型辅导者，另一端是学习型辅导者。尽管管理者的“自然”风格可能在这个连续区间内保持不变，但为了获得满意的绩效辅导效果，必须采用权变的观点，即根据具体的实际情况采用不同的风格来进行辅导。

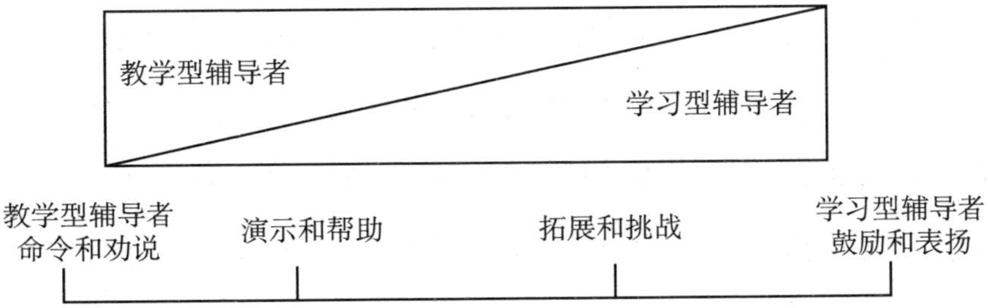

图 5－3　辅导风格

（1）教学型辅导者。这种类型的辅导者喜欢直接告诉下属该如何去做。通常，他们都具有某一方面的专长，他们凭借自身的经验向下属传授完成工作所需的技能和知识，并希望通过向下属传授这些知识和经验，使其能够独立完成一项具体的工作。一般这种辅导非常适合那些需要依据某种“恰当”方法反复操作的工作人员。

（2）学习型辅导者。这种风格的辅导者更加喜欢提问和倾听，而不是直接告诉下属该如何去做。这种辅导者传授的是他们广博的专业知识，而不是实际的技术经验。他们相信每个人都有潜力，他们能够为下属提供各种迎接挑战、施展才能以及学习知识的机会。通常，这种辅导在一个问题存在多种解决方案，而不是只有唯一解决途径的时候非常有效。

第三节　建设性沟通的要点

沟通是指按照一定的目标，把信息、观念和情感在个人、群体和组织之间进行传递，并最终达成共识的过程。通常，绩效沟通是指管理者与员工在共同工作的过程中传递和接收绩效相关信息的过程。公共部门绩效沟通贯穿于整个公共部门绩效管理的全过程。概括而言，公共部门绩效沟通是指将公共部门绩效信息传递给相关信息接收方（政府组织、部门、公务员、社会公众、中介机构和媒体等），使得公共部门绩效信息能够得以传达、理解和回应的过程；通过这一互动的沟通过程，公共部门绩效目标能够被更好地执行和实现，公共部门绩效水平能够得以持续提高和改善。

公共部门内部的绩效沟通是发生在上级领导和下属之间就绩效问题进行的沟通。所谓建设性沟通，就是指这种沟通是在不损害人际关系的前提下进行的，具有解决特定问题的作用。为了确保上级领导和下属之间的沟通准确高效，应该坚持建设性沟通的基本原则。

一、完全性原则

所谓完全性原则，指的是沟通信息的发出者应在沟通中注意：沟通中是否提供了全部的必要信息；是否根据听者的反馈回答了全部问题；是否为了实现沟通的目的，提供了必要的额外信息。我们往往会以为已经把需要告诉对方的信息都表达了，但实际上，这往往只是自己的一厢情愿。在公共部门绩效管理实践中，信息不完全的情况十分常见。在为新入职的员工做上岗培训时，完全性原则往往就可能被忽视。由于该职位的工作内容是该部门领导所熟知的，因此该部门领导往往会忽略一些他认为新入职员工理所当然应该知道，但实际上却是新入职员工从未涉及的工作内容。这种信息的不完全将不利于新入职员工更快地适应新的工作岗位。

二、对称性原则

所谓对称性原则，指的是提供的信息对沟通双方来说应该是准确、对称的。为了实现对称性原则的要求，我们应注意以下两个方面。首先，对于沟通双方来说，信息来源都应该是准确和可靠的，这是对称性原则的基本要求。其次，沟通者应采用沟通双方都能接受的表达方式。这包括两层含义：一是采用双方都能够理解的媒介手段，二是采用恰当的语言表达方式。所谓媒介手段，包括会谈、书面报告、电子公告栏等各种各样的形式。在选择媒介时，不能仅凭信息发出者的意愿，而要根据沟通对象的特征、沟通的目的以及各方面的环境因素等进行综合考虑。所谓语言表达方式，包括恰当的词汇和恰当的语言风格两个方面。沟通的语言可以分为正式语言、非正式语言和非规范语言三个层次。这三个层次的语言运用于不同的沟通方式，服务于不同的沟通对象和沟通目的。在上级领导和下属之间进行非正式沟通时，人们更多地运用非正式的语言进行交流，甚至会使用一些在工作场所中大家都能够理解的非规范语言。但是在正式的书面沟通（如定期的工作报告）中，就会倾向于使用正式的语言来精确地表达信息内容。

三、对事不对人原则

在公共部门绩效沟通中经常存在两种导向：问题导向和人身导向。所谓问题导向的沟通，指的是沟通关注问题本身，注重寻找解决问题的方法；人身导向的沟通则更多地关注出现问题的人，而不是问题本身。人身导向的沟通往往会带来很多负面的影响。但是，人们在遇到问题时往往会非常直接地将问题归咎于人。人身导向的沟通往往会导致对方产生逆反和防卫心理，而不能为解决问题提出积极可行的措施。在这种情况下，沟通不但不能解决问题，还会对双方的关系产生破坏性的影响。需要注意的是，人身导向的沟通不适用于批评，同样也不适用于表扬。即使你告诉对方“你好优秀啊”，但如果没有与任何具体的行为或结果相联系，也可能会被认为是不切实际的吹捧或虚伪的讽刺而造成对方的极度反感。因此，建设性沟通中的对事不对人原则要求沟通双方针对问题本身提出看法，充分维护他人的尊严，不轻易对人下结论，从解决问题的目的出发进行有效的沟通。

四、责任导向原则

所谓责任导向原则，就是在沟通中引导对方承担责任的沟通方式。与责任导向原则相关的沟通方式有两种——自我显性的沟通与自我隐性的沟通。典型的自我显性的沟通使用第一人称的表达方式；自我隐性的沟通则采用第三人称或第一人称复数，如“有人说”“我们都认为”等。人们通过自我显性的沟通方式，能够更好地与对方建立联系，表达合作与协助的意愿。“我想这件事可以这样……”“在我看来，你的问题在于……”等说法都能够给人这样的感受。与此相对应的是，人们往往通过自我隐性的沟通方式逃避责任。这往往给人一种不合作、不友好的感受。如果不能引导对方从自我隐性转向自我显性的沟通方式，就不能实现责任导向的沟通，不利于实际问题的解决。在建设性沟通中，人们应该使用责任导向的自我显性的表达方式，与沟通对象建立良好的关系。因此，当下属使用自我隐性的沟通方式时，上级领导应该使用要求对方举例的方式引导下属采用自我显性的沟通方式。

五、事实导向原则

事实导向原则在沟通中表现为以描述事实为主要内容的沟通方式。特别是在上级领导向下属指出其缺点和错误的时候，更应该恪守这一原则。在这种情况下，通常上级领导可以遵循以下三个步骤进行描述性的沟通：第一步，上级领导应描述需要修正的情况。这种描述应基于事实或某个特定的、公认的标准。例如，“你在本年度的服务对象满意度调查排名中处于本部门最后一名的位置”“这个月你迟到了三次”等。这种描述能够在很大程度上避免下属的抗拒心理。但是，仅仅描述事实是不够的。第二步，在描述事实之后，还应该对这种行为可能产生的后果做一定的描述。例如，“你的评价结果出乎我的意料，这将对我们整个部门的形象产生不良的影响”“迟到次数超过三次，将会影响你年终奖的评比和奖金的发放”等。在这里，上级领导应该注意不要使用过于严厉的责备式的口吻，否则下属会将精力集中于如何抵御和反驳，而不是接受和解决问题。第三步，上级领导可以提出一种具体的解决方式或引导下属主动寻找可行的解决方案。当然，在现实的公共部门绩效沟通中，并不是所有情况下都能够遵循这三个步骤。但需要明确的是，在可能的情况下用事实根据来代替主观判断，能够最大限度地避免对方的不信任感和抵御心理，从而帮助我们更加顺利地进行建设性的沟通。

第六章　绩效评价：评估绩效结果

第一节　何为公共部门绩效评价

对于公共部门绩效评价的内涵，国内外学者从不同的角度对其进行了界定。经过梳理和分类，可以将公共部门绩效评价的定义分为以下几种类型：

第一，从评价目的的角度进行定义。一些学者从评价目的的角度对公共部门绩效评价进行了定义，认为公共部门绩效评价的目的是建立一种体系或机制，从而据此来评价公共部门绩效，改善政府管理水平，提高政府工作的效率和效果。如西奥多・H. 波伊斯特（Theodore H. Poister）认为，绩效评价致力于提供关于项目和组织绩效的各种客观的相关信息，这些信息可以用来强化管理和为决策提供依据。

第二，从评价内容的角度进行定义。一些学者从评价内容的角度对公共部门绩效评价进行了定义，认为公共部门绩效评价是检验公共部门效率、服务质量、公共责任和公众满意程度等内容的方法，通过这些方面的分析和比较对公共部门绩效进行评定。如美国学者威尔逊认为公共部门的绩效评价应包括责任、公平、回应、效率和成本等五个主题。胡税根认为公共部门绩效评价是指，政府组织、非营利组织以及公共企业等特定的社会组织在履行公共责任的过程中，在追求内部管理与外部效应、数量与质量、时间与效益、经济因素与政治因素等平衡的基础上，对其获得的公共产出进行评审。

第三，从评价过程的角度进行定义。一些学者从评价过程的角度对公共部门绩效评价进行了定义，将公共部门绩效评价定义为一个包括收集绩效信息、评定绩效结果等环节的管理过程。美国国家绩效管理小组在《美国公共服务：绩效评估的最佳实践》中指出，绩效评估是测量达到既定目标的情况——包括将资源转化为公共物品及服务的效率、产出的质量及其在达成计划目标的过程中政府运作的效率——的一个过程。保罗·艾普斯汀认为，绩效评价是指开发指标、收集资料以便描述、报告和分析绩效。

综合国内外学者的观点，本书认为公共部门绩效评价是指相关评价主体依据公共部门既定的使命和目标，遵循一定的程序，综合运用多种评价方法和技术，对一定时期内公共部门的管理和服务情况进行评定和判断的过程，其最终目标是通过评价来提高公共部门的效率和效果，促使公共部门绩效持续改进。

第二节　评价主体的类型

公共部门绩效评价主体即公共部门绩效的评价者，是对公共部门绩效进行价值判断的组织、部门和个体。与公共部门绩效的层次相对应，公共部门绩效评价主体在纵向上应分为组织、部门绩效评价主体以及员工绩效评价主体。从评价主体与评价对象的相对位置又可以将公共部门绩效评价主体分为内部评价主体和外部评价主体。公共部门绩效评价主体类型及结构框架如图 6－1 所示。

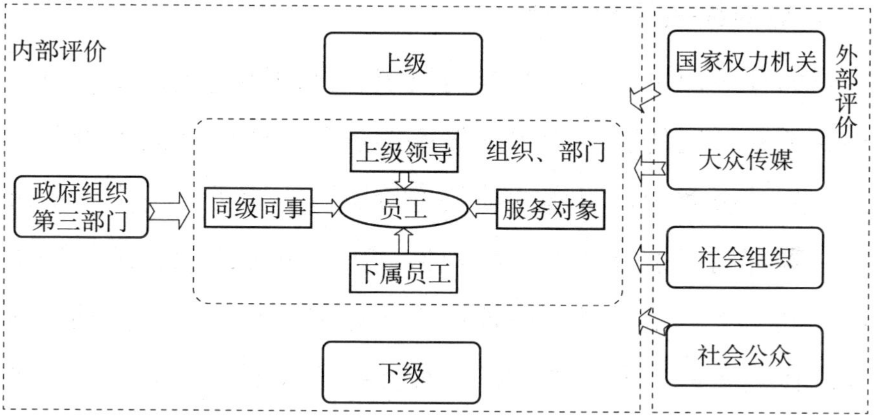

图 6－1　公共部门绩效评价主体类型及结构框架

对于员工个体绩效而言，公共部门的内部绩效评价主体类型分为上级领导、下属员工、同级同事、服务对象以及自我评价，外部绩效评价主体分为国家权力机关、大众传媒、社会组织以及社会公众；对于公共部门组织或部门绩效而言，内部绩效评价主体类型分为上级组织或主管部门、同级相关组织或部门、下级组织或部门以及自我评价，外部绩效评价主体分为国家权力机关、大众传媒、社会组织以及社会公众。下面将对主要公共部门绩效评价主体的类型及内涵进行介绍和阐述。

一、内部绩效评价主体

内部绩效评价主体是指从评价对象的组织管理体系内部产生的公共部门绩效评价主体。同时，他们对评价对象的公共部门绩效所进行的评价也被称为内部绩效评价。在我国公共部门绩效评价的实践中，根据公共部门绩效评价主体的相对位置及作用，可以将内部绩效评价主体分为四种：

1. 纵向绩效评价主体

纵向绩效评价是指公共部门组织、部门和员工根据各自上下级隶属关系开展的公共部门绩效评价过程。纵向绩效评价分为上级评价和下级评价，对应的绩效评价主体有两类：一类是上级组织、主管部门或上级主管领导，另一类是下级组织、隶属职能部门或下属员工。由于纵向绩效评价主体在日常的工作活动中接触沟通的机会较多，所以他们对于彼此的工作职责、职能和绩效目标都相对熟悉，更容易了解双方绩效评价的目的、内容和目标完成情况。这构成纵向绩效评价主体在公共部门绩效评价中的独特优势，也成为他们广泛参与公共部门绩效评价的主要原因。

2. 横向绩效评价主体

横向绩效评价是指相关公共部门组织、部门或员工个体对与其相对应的同一层级的组织、部门或员工个体的绩效情况进行评价的过程。此类绩效评价通常强调评价主体与评价对象在相关业务领域内的绩效表现，包括办事效率、办事态度、协作满意度及凝聚力等。横向绩效评价一般不会单独进行，而是经常作为纵向绩效评价的补充，从侧面了解公共部门组织、部门或员工的绩效情况。横向绩效评价的主要优点在于评价主体熟悉评价对象的工作，通过对评价对象之间的比较、对评价对象与评价主体之间的比较，在一定程度上保证公共部门绩效评价的客观性。但其缺点在于，直接相关的同级评价主体和评价对象在绩效评价结果上会出现“友情分”的情况，评价主体不是对评价对象绩效评价指标完成情况进行评价，而是根据评价主体和评价对象之间的关系好坏和紧密程度进行判断。

3. 自我评价

自我评价是指公共部门组织、部门或员工个体针对自身绩效而开展的评价过程。美国《政府绩效与结果法案》（The Government Performance and Results Act，GPRA）规定，美国所有的联邦机构都要制定一项关系到至少未来 5 年工作目标的战略规划，并将战略规划分解成年度执行计划，同时每年都要对年度计划执行情况进行评价，形成年度计划执行情况报告。各机构的规划制定情况及工作绩效的评价结果将与来年的财政预算相联系。而对于员工个体而言，自我评价一般通过述职报告的形式完成。自我评价的优势体现在以下几个方面：首先，自我评价的主体更为直接和详细地了解评价内容、评价指标和评价标准，有利于节约评价成本和提高评价效率；其次，自我评价可以促使公共部门组织、部门和员工在评价的过程中发现绩效差距，激发其自我完善和自我发展的内在动机；再次，自我评价可以提升公共部门组织、部门和员工参与公共部门绩效管理过程的积极性和主动性，促进公共部门绩效管理和绩效评价工作的顺利开展。但是，自我评价的局限性体现在评价主体既是运动员又是裁判员，在评价结果上容易倾向于突出成绩而回避不足，不利于确保公共部门绩效评价的客观性和公正性。

4. 专职评价机构

专职机构评价是指由公共部门组织内部专门的绩效评价机构开展的绩效评价过程。专职评价主体具有专职的机构和人员，在进行公共部门绩效评价时具有一定的优势：第一，了解和熟悉公共部门绩效评价过程中的重点和难点；第二，熟练掌握公共部门绩效评价的方法和工具；第三，专职评价主体的立场相对客观和中立，能够在一定程度上保证公共部门绩效评价的公正性和有效性。但专职机构评价的局限性在于成本相对较高，需要较多的人力物力来组织、实施和配合公共部门绩效评价工作。对我国的政府组织而言，其专职评价分别由政府组织内部的审计部门、人力资源部门、监察部门和效能办来完成。

二、外部绩效评价主体

外部绩效评价主体是指从公共部门体系外部对公共部门绩效进行评价的主体。外部绩效评价主体的情况比较复杂，大体可以划分为国家权力机关评价主体、社会公众评价主体、社会组织评价主体和大众传媒评价主体四类。

1. 国家权力机关评价主体

我国国家权力机关是指各级人民代表大会及其常务委员会。国家权力机关评价，是指国家权力机关为维护国家宪法、法律的尊严和统一，维护人民的根本利益和代表人民的意志，运用国家权力，依照法定形式和程序，对国家行政、监察、审判、检察机关的工作所采取的监督、督促、纠正和处置的过程。政府是国家权力机关的执行机关，它由国家权力机关产生并向国家权力机关负责。因此，在我国，各级人民代表大会及其常务委员会是公共部门绩效评价的权威主体。全国人民代表大会和地方各级人民代表大会审查政府工作报告的工作，既是权力机关履行自身职责和权力的过程，也是对政府在过去一年中的工作绩效进行评价的过程。

2. 社会公众评价主体

社会公众评价主要是公民以个人或团体的名义对公共部门绩效进行直接评价。社会公众作为社会活动的主要参与者，在公共部门管理和社会自治方面起着重要的作用。公共部门绩效管理的好坏与政策执行情况的优劣，都与社会公众的合法权益有着密切的联系。因此，作为关键性的公共部门绩效评价主体，社会公众影响甚至决定着公共部门绩效评价的内容、标准及方式等。有些国家通过法律、法规和相关的规范性文件的形式对社会公众绩效评价的主体资格予以界定。通常，社会公众主要通过两种途径来参与公共部门绩效的评价过程：首先，公共部门绩效及其评价指标的设计需要以“社会公众导向”为原则；其次，公共部门通过吸引社会公众参与满意度问卷调查，以反映公众对公共部门服务的满意度及公共部门绩效水平的高低。

专栏

人民群众是阅卷人

2015年12月，北京市政府首次邀请30位市人大代表、政协委员和市民代表，对58个市级政府部门负责人进行述职考核，开启了北京市政府绩效考评引入社会公众参与的先河。到2017年，公众代表已经增加到141人。北京市市长陈吉宁提出，要继续扩大社会参与评估的渠道，提升社会代表打分的权重。要通过这种方式，促进各区各部门更好地把工作推进与满足百姓需求、解决群众困难结合起来。

资料来源：新京报．北京政府绩效考评请群众当阅卷人．http：//epaper. bjnews. com. cn/html/2018－02/10/content _ 711265. htm？ div=－1.

3. 社会组织评价主体

社会组织评价主体是指国家或政府之外的所有与公共部门绩效评价相关的民间组织，其组成要素是各种非国家或非政府所属的组织，包括各种行业性评价机构、部门性评价机构、各类专家委员会、高校研究评价机构以及由专家、学者和公民代表等共同组成的综合性委员会等。社会组织由于其公共性、公益性、非市场性、非公共权力性的基本特征，在从事公共部门绩效评价方面具有不可取代的独特优势。在欧美等国家，公共部门绩效评价一个很重要的经验就是社会组织积极、广泛地参与。例如，美国著名的民间政府绩效评价与研究机构——锡拉丘兹大学坎贝尔研究所，自 1998 年以来每年都对各州或市的政府绩效进行评价并发布评价报告，其报告的客观公正性获得美国政府和社会公众的广泛关注和好评。

4. 大众传媒评价主体

大众传播媒体是指拥有读者、观众或听众的信息传播载体，包括报纸、期刊、广播、电视和网站等。大众传播媒体的主要任务是发布信息，最大限度地满足公众和社会信息获取的需要；其主要目的在于传递国家和社会的有关信息，表达媒体自身及社会、公众的观点，期望引起公众对某一现象、某一事件的了解、关注和评论。大众传播媒体是政府与公众之间的桥梁和纽带，一方面它把有关公共部门绩效的信息传递给社会公众，另一方面它又通过民意调查等形式把公众的意见和建议反馈给公共部门。大众传播媒体能够引发的强大的社会舆论力量对公共部门行为形成了有力的监督和约束，促使其成为社会公众对公共部门行为进行监督和评价的主要形式之一，并在公共部门绩效评价中发挥着不可替代的作用。特别是随着信息时代的来临，大众传播媒体对于政府行为、政策制定、项目执行的监督和评价力度越来越大，其所提供的信息不仅影响或牵引着公共部门的注意力，而且在某种程度上决定着政府决策的轻重缓急。

第三节　评价方法的选择

评价方法的分类与评价标准的分类密切相关。一般来说，评价标准可以分为两类：其一是绝对标准；其二是相对标准。与此相对应，我们可以将评价方法分为绝对评价和相对评价。绝对评价是根据统一的标准尺度衡量相同职位的人，也就是将个人的工作情况与客观工作标准相比较，通常使用量表法来进行评价。所谓相对评价，又称比较法，不是事先统一制定评价标准，而是通过在部门或团队内对人员进行相互比较做出评价。此外，还有一种比较特殊的评价方法，即描述法。它又称事实记录法、叙述法、鉴定法等，顾名思义，就是指评价者用描述性的文字对评价对象的能力、态度、业绩、优缺点、发展的可能性、需要加以指导的事项和关键事件等做出评价，由此得到对评价对象的综合评价。通常，将这种方法作为其他评价方法的辅助方法，主要用于观察并记录评价所需的事实依据，以避免近因效应、溢出效应等评价误差的发生，并为绩效反馈提供必要的事实依据（如表 6-1 所示）。

表 6-1　　绩效评价方法分类

比较法（相对评价）	排序法
	配对比较法
	人物比较法

续表

量表法（绝对评价）	图尺度量表法
	等级择一法
	行为锚定量表法
	混合标准量表法
	综合尺度量表法
	行为对照表法
	行为观察量表法
描述法	态度记录法
	工作业绩记录法
	指导记录法
	关键事件法

一、相对评价——比较法

比较法就是对评价对象进行相互比较，以决定其工作绩效的相对水平。常见的比较法主要有以下三种：排序法、配对比较法和人物比较法。

1. 排序法

排序法就是根据评价对象的绩效水平，按照一定的顺序进行排列，最终得出每一评价对象相对等级和名次的评价方法。排序法是使用得比较早的一种方法，它易于设计和使用，实施成本较低，而且能够有效地避免宽大化倾向、中心化倾向以及严格化倾向；但是其评价依据不是客观的标准，因此无法通过绩效评价这一过程对评价对象的行为进行明确的引导，而且在评价过程中，主观性和随意性较强，容易发生晕轮效应。因此，在绩效评价实践中，不能单纯将使用排序法得出的评价结果作为各种人事及管理决策的依据。具体而言，排序法主要分为直接排序法和交替排序法两种类型。

第一，直接排序法。直接排序法是最简单的排序法。评价主体经过通盘考虑后，以自己对评价对象工作绩效的整体印象为依据，将所有被评价对象从绩效最高者到绩效最低者进行排序。表6－2是直接排序法的一个简单例子。

表6－2　直接排序法示例

顺序	等级	评价对象
1	最好	A
2	较好	B
3	一般	C
4	较差	D
5	最差	E

第二，交替排序法。交替排序法与直接排序法类似，也是根据评价标准将评价对象从绩效最好的到绩效最差的进行排序，但是具体的操作方法与直接排序法略有不同。交替排序法需要评价主体先将所有评价对象的名单列出，去除不熟悉的评价对象；然后从余下的评价对象中选出绩效最好和绩效最差的评价对象，继而再在剩下的评价对象中选出绩效最好和绩效最差的评价对象，依此类推，直至将全部评价对象的顺序排定。表6－3是使用交替排序法进行评价时参考用的评价表格。

表 6-3　　交替排序法示例

顺序	等级	评价对象
1	最好	C
2	较好	B
3	一般	E
3	较差	D
2	差	A
1	最差	F

2. 配对比较法

配对比较法亦称平行比较法，是由排序法衍生出来的一种评价方法。配对比较法的操作程序是：评价主体按照所有的评价要素将每一个评价对象与其他评价对象一一进行比较，最后将各评价对象的得分相加，根据最终的得分排出评价对象的名次。举例来说，假定要对五个评价对象进行绩效评价。在运用配对比较法时，首先需设计出如表 6-4 所示的表格，其中标明了需要评价的对象。需要注意的是，当评价内容不是针对整体工作绩效而是针对特定的评价要素时，还要注明所要评价的要素。表中“0”表示两者绩效水平一致，“+”表示横向上的评价对象比纵向上的评价对象绩效水平高，“-”的含义则与“+”的含义相反。将每一个评价对象得到的“+”相加，得到的“+”越多，绩效得分就越高。从表 6-4 可以看出，B 共得到了 4 个“+”，绩效得分最高；A 和 C 的情况相同，共得到 2 个“+”，处于中等水平；而 D 和 E 都是只得到 1 个“+”，处于差的等级上。

表 6-4　　配对比较法示例

评价对象	A	B	C	D	E
A	0	+	+	−	−
B	−	0	−	−	−
C	−	+	0	+	−
D	+	+	−	0	+
E	+	+	+	−	0
对比结果	2+	4+	2+	1+	1+
	中	最好	中	差	差

3. 人物比较法

人物比较法亦称标准人物比较法，是一种特殊的比较法。这种方法的评价标准与前面两种比较法不同：前面两种比较法都是人与人之间相互比较，这种比较法则是所有的人与某一个特定的“标准人物”进行比较，在一定程度上能够使评价的依据更客观。

人物比较法的实施流程是：在评价之前，先选出一位成员，以他的各方面表现为标准，将其他人与之相比较，从而得出评价的结果。人物比较法可以使用如表 6-5 所示的表格。

表 6-5　　人物比较法示例

评价项目：业务知识　　标准人物：孙

被评价人姓名	A 非常优秀	B 比较优秀	C 相同	D 比较差	E 非常差
赵					
钱					
李					
王					

人物比较法能够有效地避免宽大化倾向、中心化倾向以及严格化倾向，该方法设计和使用容易，成本很低，比其他方法更能提升成员的工作积极性。同时，它也存在一些难以克服的问题：标准人物的挑选困难，无法与组织的战略目标相联系，很难发现问题存在的领域，不便于提供反馈和指导，容易出现晕轮效应和武断评价。

二、绝对评价——量表法

量表法就是将一定的分数或比重分配到各个评价指标上，使每项评价指标都有一个权重，然后由评价者根据评价对象在各个评价指标上的表现情况，对照标准对评价对象做出判断并打分，最后汇总，计算出总分，得到最终的评价结果。常见的量表法包括图尺度量表法、等级择一法、行为锚定量表法、混合标准量表法、综合尺度量表法等。这里我们主要对图尺度量表法、等级择一法、行为锚定量表法和综合尺度量表法进行介绍。

1. 图尺度量表法

图尺度量表法是最简单且应用最广泛的评价技术之一，它在图尺度的基础上使用非定义式的评价。表 6 - 6 是典型的图尺度量表。该表列举了一些评价要素，规定了从 s（极优）到 d（差）的等级标志，对每个等级标志都进行了说明并规定了不同的得分。另外，不同的评价指标被赋予了不同的权重。评价者在熟悉评价量表及各个评价要素的含义后，根据标准，结合下属的日常表现给出每个评价要素的得分。另外，图表中还留有空白，供评价者填写评价结果和一般说明。

表 6－6　　图尺度量表法示例

评价要素	评价尺度	权重	得分	事实依据及评语
专业知识：经验以及工作中的信息知识	30　24　18　12　6 s　a√　b　c　d	30%	a	（略）
计划能力：对要完成工作的有效设计能力	15　12　9　6　3 s　a　b√　c　d	15%	b	（略）
沟通能力：以书面和口头方式清晰、明确地表达思想、观念或者事实的能力	10　8　6　4　2 s　a√　b　c　d	10%	a	（略）
……	……	……	……	……
s：极优 a：优 b：良 c：中 d：差	最终得分：62 分 最终档次：s　a　b√　c　d	档次划分		s：80 分以上 a：65～79 分 b：49～64 分 c：33～48 分 d：16～32 分

2. 等级择一法

等级择一法的原理与图尺度量表法完全相同，只是在规定评价尺度时没有使用图示，而是采用了一些有等级含义的短语来表示，如表 6－7 所示。

表 6－7　　等级择一法示例

评价对象：　　　　部门：　　　　评价者：　　　　评价日期：

评价指标	评价尺度				
	优秀	良好	满意	尚可	不满意
专业知识	5	4	3	2	1
沟通能力	5	4	3	2	1

续表

评价指标	评价尺度				
	优秀	良好	满意	尚可	不满意
判断能力	5	4	3	2	1
管理技能	5	4	3	2	1
工作质量	5	4	3	2	1
团队合作能力	5	4	3	2	1
人际关系能力	5	4	3	2	1
主动性	5	4	3	2	1
创造性	5	4	3	2	1
解决问题能力	5	4	3	2	1

3. 行为锚定量表法

行为锚定量表法是由美国学者帕特里夏·凯恩·史密斯（Patricia Cain Smith）和洛恩·肯德尔（Lorne Kendall）于1963年提出的，这项研究得到了美国全国护士联合会的资助。行为锚定量表法由传统的绩效评定表（图尺度量表法或等级择一法等）演变而来，是图尺度量表法与关键事件法的结合，是行为导向型量表法的最典型代表。在这种评价方法中，每一水平的绩效均用某一标准行为来加以界定，这种方法克服了其他评价方法的弱点。表6－8列举了行为锚定评价的例子。

4. 综合尺度量表法

所谓综合尺度量表法，是将结果导向量表法与行为导向量表法相结合的一种评价方法。在该方法中，评价指标的标度规定采用了行为与结果相结合的方式。这种方式既能够有效地引导个人的行为，又能够对结果进行直接的控制。运用综合尺度量表法最大的困难在于设计与职位相关的指标尺度，因此，使用这种评价方法需要较高的设计成本。表 6－9 是一个用于评价工作态度指标的例子。

表 6－8　　行为锚定量表法示例：对宿舍管理员的评价

姓名：　　工作部门：　　评价者：　　评价日期：

评价指标：关心学生

指标定义：积极结识住宿学生，发现并真诚地对待他们的需要

评价等级	（1）最好	当学生面有难色时，上前询问是否有问题需要一起商量
	（2）较好	为住宿学生提供一些关于所修课程的学习方法上的建议
	（3）一般	发现住宿学生时上前打招呼
	（4）较差	友好地对待住宿学生，与他们讨论困难，但随后不能跟踪解决困难
	（5）最差	批评住宿学生不能克服自己遇到的困难
评价结果：		

表 6－9　　综合尺度量表法示例

要素名称：协作性　　职位等级：中层管理人员　　职位类别：职能管理

要素定义：在工作中能否充分认识本部门在工作流程中所扮演的角色，考虑他人的处境，主动承担责任，协助上级、同事做好工作

等级	定义	评分
S	正确认识本部门在流程中所扮演的角色，合作性很强，自发主动地配合其他部门的工作，积极地推动组织总体工作的顺利进行	20
A	愿意与其他部门进行合作，在其他部门需要的时候能够尽量配合工作，从而保证组织总体工作的正常进行	16
B	大体上能够按规定配合其他部门的工作，基本上能够保证组织总体工作的正常进行	12
C	有时候有不配合其他部门工作的现象，存在部门本位主义倾向，从而导致组织的总体工作有时会遇到困难	8
D	根本不与其他部门进行沟通和协调，部门本位主义倾向明显，在工作中经常与其他部门发生冲突，导致组织总体工作陷入僵局	4

三、描述法

描述法作为各类评价方法必要的补充，被视为另一类特殊的评价方法。描述法在设计和使用上比较容易，实用性很强，因而适用于对任何人的单独评价。但是，描述法没有统一的标准，难以对多个评价对象进行客观、公正的比较，而且与评价者的文字写作水平关系较大，因而较适用于发展性评价。根据所记录事实的不同内容，描述法可以分为态度记录法、工作业绩记录法、指导记录法和关键事件法。这里我们选择关键事件法这一代表性的描述法来进行阐释。

关键事件是指那些会对部门的整体工作绩效产生积极或消极的重大影响的事件。关键事件一般分为有效行为和无效行为。关键事件法要求评价者通过平时观察，及时记录评价对象的各种有效行为和无效行为，是一种最为常见的典型的描述法。

关键事件法的优势突出体现在反馈绩效的环节中。评价者根据所记录的事实及各类评价标准进行评价，最后把评价结果反馈给评价对象。由于关键事件法是以事实而不是抽象的行为特征为依据的，评价者可以依据所记录的事实对评价对象说：某某先生，在“协作性”上，我给你的评价等级较低，这是因为在过去的 3 个月中，你至少有 3 次对同事或上级表现出不协作态度。如果这名员工觉得事出有因，或误解了同事或上级的意图，或有其他理由为其“不协作”做辩解，他可能在与同事或上级协商和沟通之后与对方达成共识。关键事件法帮助评价者实事求是地进行评价，不容易挫伤评价对象的积极性。因为对评价对象来说，低评价针对的不是他的人格，而是他的工作行为，而且是可以明确指出的特定行为，所以比较容易得到评价对象的认同。更重要的是，通过使用关键事件法，评价者在反馈绩效时能够更清晰地告诉评价对象，要想在下一期获得高评价应该如何行动。需要着重指出的是，关键事件法往往是对其他评价方法特别是各种量表法的补充。

四、各种评价方法的比较和选择

前面介绍了各种评价方法的具体内容和优缺点。不同的评价方法具有不同的特点，因而适用于不同的组织以及不同的评价对象。表 6-10 对几种常见评价方法进行了简单的比较。

表 6-10　几种常见评价方法的比较

评价方法	比较的维度			
	成本最小化	员工开发（提供反馈指导）	分配奖金和发展机会	有效性（避免评价错误）
描述法	一般	不确定	差	不确定
排序法	好	差	一般	一般
等级择一法	一般	不确定	差	不确定
行为锚定量表法	一般	好	好	好

从表 6-10 中可以看到，不同的绩效评价方法各有特点，在评价的有效性、结果的适用性以及使用成本上优劣不一。因此，只有选择合适的绩效评价方法才能在管理的成本和效用上

做到有机的结合。一般而言，绩效评价指标是选择政府绩效评价方法的主要依据，即需要根据不同类型指标的特性选择相应的政府绩效评价方法，从而形成一个基于指标的政府绩效评价方法组合。

第四节　评价过程的安排

公共部门绩效评价是公共部门绩效管理中技术性最强的环节之一，涉及多个主体、多个环节和多种方法技术。开展公共部门绩效评价时，通常要经过以下五个过程，具体模型如图 6－2 所示。通过这个模型可以看出，公共部门绩效评价的过程实际上就是一个收集信息、整合信息、做出判断的过程。

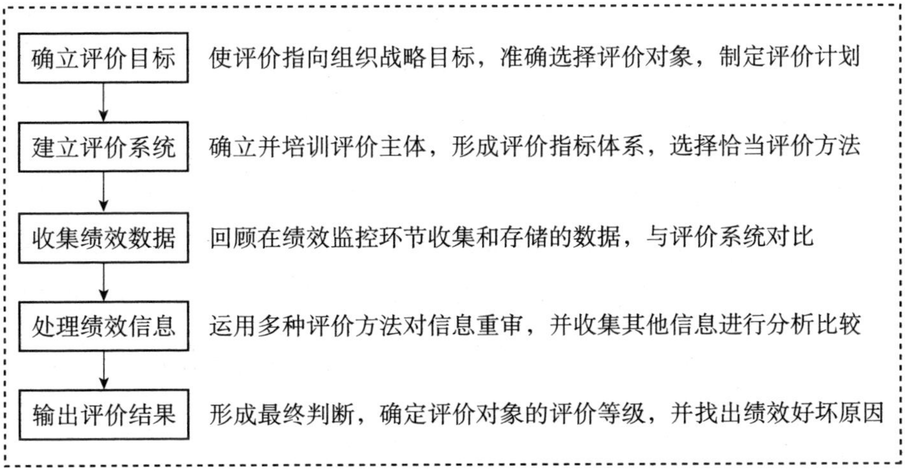

图 6－2　公共部门绩效评价的程序

一、确立评价目标

一般意义上的评价除了可以对评价对象做出基本的判断之外，还可以用于选择和预测，并发挥导向作用。公共部门绩效评价作为公共部门绩效管理系统中的关键环节，其最核心的目标就是通过它的选择、预测和导向作用实现公共部门的战略目标。不论是评价公共部门组织绩效、部门绩效还是员工个人绩效，都要基于这个共同的目标，所以我们必须将评价组织绩效、部门绩效与个人绩效联系起来考虑如何进行公共部门绩效评价系统的设计。

为了确保公共部门绩效评价的有序进行，在开展公共部门绩效评价之前需要拟定详细的公共部门绩效评价计划。评价计划的内容应该包括：评价的频率、评价的标准、评价本身的布局及内容、解决评价者与被评价者争端的程序、记录评价结果的安排，以及指导该方案的引入、执行及后续安排等。简言之，公共部门绩效评价计划需要明确评价主体、评价对象、评价内容、评价方法、评价的具体实施步骤、评价中可能遇到的问题、评价的结果如何等具体内容。除此之外，还需要对评价的资源、涉及的部门和人员进行安排。在确定公共部门绩效评价的计划后，需要进一步制定具体的行动方案，从而推进公共部门绩效评价的有效实施。

二、建立评价系统

公共部门绩效评价系统应当包括确立合理的评价指标和评价

标准、选择适当的评价主体等。公共部门绩效评价指标决定了对评价对象的哪些方面进行评价。不论是评价公共部门组织绩效、部门绩效还是评价员工个人绩效，公共部门绩效评价系统关心的都是评价对象与组织战略目标明显相关的行为因素，这些行为因素通过公共部门绩效评价指标体现。在构建公共部门绩效评价指标体系时，需要坚持系统性、有效性、可操作性、可比性和独立性等基本原则，在评价指标的选择上注重以下几个方面的平衡：（1）财务指标与非财务指标的平衡；（2）客观指标与主观判断指标的平衡；（3）前置指标与滞后指标的平衡；（4）内部指标与外部指标的平衡等。

绩效评价标准指的是用于判断评价对象绩效好坏的标准，可以分为绝对评价标准和相对评价标准两类。绝对评价标准指的是客观存在的评价标准，而相对评价标准指的是通过对比和排序进行评价的标准。进一步地，绝对评价标准又可分为外部导向的评价标准和内部导向的评价标准两类。其中，外部导向的评价标准指的是以其他组织的绩效为评价标准；内部导向的评价标准则指的是评价标准来源于组织内部，通常是根据相关部门或人员过去的绩效情况来确定的。我们所熟悉的标杆法就是典型的外部导向的评价标准。

所谓评价主体，指的是那些直接从事评价活动的人。在选择和确定公共部门绩效评价主体时，应确保评价主体具备以下条件：（1）具有一定的政治素质和政策水平，熟悉国家和相关部门的方针、政策；（2）具有基本的公共行政、财务会计、数学统计及法律等方面的专业知识；（3）熟悉公共部门绩效评估指标体系，与被评估者存在管理与被管理、服务与被服务的关系，有较强的综合分析能力和沟通协调能力；（4）坚持原则，清正廉洁，秉公办事，公道正派；（5）由于评估方式的信息化发展趋势，需要具备基本的专业知识。为保证评估人员达到以上资格要求，需对评估人员进行定期培训，使其掌握所需的评估技术，以确保评估结果的真实有效。①

三、收集绩效数据

准确的数据是保证评价公正性的重要保障，公共部门绩效评价的一个主要目的是把管理从依靠直觉和预感转变为以准确的数据和事实为依据。为了做出准确、全面的公共部门绩效判断，必须广泛收集公共部门绩效的相关信息。从绩效数据收集的内容来看，所收集的资料主要包括有关法律法规、服务承诺、工作计划与方案、工作报表、回应公众提出问题或抱怨的信件与电话数量的统计与记录、解决实际问题的数量、实际取得的服务结果与社会效果、会议记录、物质投入与消耗、成果鉴定结果、管理方法的改进与调整等。值得注意的是，反映公共部门绩效表现情况的绩效数据不仅要与公共服务的产出与效果相关，还应该与公众满意度、公共服务的质量等相关。从绩效数据收集的渠道来看，信

① 张旭霞．公共部门绩效评估．北京：对外经济贸易大学出版社，2007：137.

息资料主要来源于政府公共部门、社会公众以及对实际效果的鉴定、评价者所进行的调查和听证等，应扩大公共部门绩效数据收集的渠道来源，同时运用计算机信息技术等手段全面收集政府以及公众的相关绩效信息。从绩效数据收集的方法来看，应采用多样化的数据收集方式，综合应用访谈法、问卷调查法、统计资料法、个案法等方法手段，确保公共部门绩效数据的真实性和客观性。

四、处理绩效信息

处理绩效信息就是运用具体的评价方法来确定公共部门绩效评价结果的过程。评价要根据公共部门的特点、评价对象的职位特点、评价内容和评价目的，选择合适的方法和形式。对于政府组织领导干部的评价指标，主要是围绕战略的实施展开的相关指标和管理状况，述职的形式恰好能够达到这样的目的。对于普通员工的绩效评价相对比较简单，主要围绕员工对于组织目标的贯彻落实情况以及自身岗位职责的履行情况等。

在收集公共部门绩效信息的相关数据之后，需要对现有的资料进行判断、处理和归类。评价小组依据掌握的评价对象情况，首先对评价中的数据进行处理，将记录的各种分散的信息，经过分类加总汇集成有用的信息，一般包括对数据信息进行手工检查校正、编码、录入、利用计算机对录入数据再次核对检查等过程。数据处理最终结果的反映形式是编制各种表格。在编制了各种交互表之后，评价小组就需要对这些处理过的信息以及收集的一些其他信息进行初步讨论和分析，以确定其准确性和全面性。接着，要根据选定的评价标准，计算出基本指标的分值，再进行修正，得出实际分数；然后，根据指标模型权重以及维度指标得出绩效评价的总分。[①] 同时，为了提高公共部门绩效评价结果的准确性和客观性，应该积极听取专家咨询组的意见，对绩效评价方法的选用、绩效评价指标的确立以及绩效结果的形成等内容进行必要的讨论和论证，特别是在面对一些有争议的结论时需要听取他们对结果的分析以及建议。

五、输出评价结果

在使用适当的评价方法进行评价后，就要对评价对象输出一个具体的评价结果，形成绩效评价报告。评价结果不仅是好坏的评价或者简单的绩效得分、绩效排名，而且应当对绩效不佳的具体原因进行分析，以便在下一个绩效管理周期得以改进。评价报告是评价工作组向评价组织机构提交的说明评价目的、评价程序、评价标准、评价依据、评价结论以及评价结果分析等基本情况的文本文件，也是公共部门绩效评价工作最终结果的体现。评价报告主要由内容提要、正文和附录组成。其中，内容提要主要写明评价对象、评价委托机构和评价实施机构；正文主要写明评价委托方评价所依据的数据的来源、评价指标体系和方法、采用的评价标准值、评价结果和结论以及评价责任等内容；附录主要

① 蔡立辉．政府绩效评估．北京：中国人民大学出版社，2012：101.

包括对评价报告的详细分析、有关基础数据核实确认及调整情况、重要事项的说明、评价计分标准、有关评价工作文件和数据资料等。

第五节 评价周期的设定

公共部门绩效评价周期设定得是否合理，对公共部门绩效管理的科学性有着显著的影响。绩效评价周期既不能过长，也不能过短。如果周期过长，评价结果会带来严重的“近期误差”，而且也不利于公共部门绩效的迅速改善；而如果周期过短，一方面会导致工作量加大、成本提高，另一方面会由于许多工作的绩效无法在短时间内体现，使得绩效评价结果不够准确。在设置绩效评价周期时，要综合各项因素进行考虑。一般来说，评价周期与评价指标类型、绩效管理实施时间及绩效管理成本等因素有关。

1. 评价指标类型。对于不同的评价指标，要选择不同的评价周期。对于公共部门运作流程前端的指标，其评价周期要相对较短，这是由于公共部门运作流程前端环节的绩效状况直接影响到公共部门活动的最终结果，需要进行不断的监控和评价；而结果性指标则要在较长一段时间内才能反映出来，其评价周期可以相对较长。另外，有些评价指标在短期内是评价不了的，比如政府出台的一些政策等，则应当根据情况适当延长绩效评价周期，即按照政策完全产生效果的时间等来确定绩效评价周期。

2. 绩效管理实施时间。绩效管理的实施要经历由初始的摸索期到后来的成熟期几个阶段，公共部门绩效管理系统的完善不是一蹴而就的，需要经过几个绩效周期的经验积累。因此，在刚实施和运行新的公共部门绩效管理系统时，绩效评价周期不能过长。如果这时绩效评价周期过长，绩效管理系统中的问题需要较长时间才能暴露出来，从而不利于绩效管理系统的有效性和稳定性。以绩效评价指标的选择为例，由于缺乏相应的经验积累，选择的绩效评价指标可能并不能很好地反映评价对象的真实情况和绩效水平，这就需要缩短绩效评价周期，通过对员工绩效进行短期评价，来检验绩效评价指标的信度和效度，及时对绩效评价指标体系进行修正和完善，并在下一绩效评价周期中对新修订的绩效评价指标体系进行新一轮的检验和调整。

3. 绩效管理成本。在确定绩效评价周期时还需考虑到管理成本的问题，绩效评价周期短往往意味着绩效管理成本相应较高。绩效评价通常涉及人员、机构、时间以及资源等多个方面的配合，特别是在公共部门绩效管理经验不够成熟的情况下，如果没有合理的规划和充足的保障，不仅会造成资源上的浪费，而且会造成绩效管理过程的混乱，最终影响到管理效果的顺利实现。因此，公共部门可以考虑在绩效管理系统相对成熟、相应的管理条件和保障体系比较完善的情况下，再逐渐有针对性地缩短绩效评价周期，实现绩效管理的精细化，提升绩效管理的有效性。

4. 绩效评价目的。一般来讲，绩效评价目的有两个：一是了解并准确评估绩效水平；二是分析并改进绩效。当绩效评价是为了评估绩效水平时，必须把员工在评价周期内的所有绩效表现全部纳入进来，并作为薪酬、晋升、培训与开发等决策的依据。但有很多结果性指标需要较长时间才能完成，只有评价周期设置得相对长一些，才能保证所有层次的绩效结果都有足够的时间显现出来，以保证评价的准确性和完整性。当绩效评价是为了了解绩效水平时，评价周期一般以季度、半年或一年为宜。当绩效评价是为了分析并改进绩效时，则需要对绩效进行短期回顾与评价，以日、周、月为周期对绩效进行评价，以便能够及时发现绩效问题并加以改进。

专栏

2019 年 11 月 26 日，《公务员平时考核办法（试行）》正式发布，对非领导成员公务员日常工作和一贯表现的了解、核实和评价做出了纲领性的规定。该《办法》明确了公务员平时考核的基本原则、考核机构、考核内容、考核程序、考核结果及其应用等主要内容，于 2020 年 1 月 1 日起施行。

第七章　绩效反馈：促进绩效改善

第一节　何为公共部门绩效反馈

一、公共部门绩效反馈的内涵

公共部门绩效反馈是绩效管理的最后一个环节，其基本任务就是负责组织实施绩效管理的机构或人员将绩效评价的结果反馈给被评价的组织、部门和员工。评价对象接到绩效反馈后，根据实际绩效结果对绩效的达成情况进行分析，查找其中存在的不足及原因，并寻求改进绩效的途径。公共部门绩效反馈为评价主体与评价对象之间搭建了一个必要的沟通渠道，是绩效沟通的主要形式，也是一种重要的激励手段。

公共部门绩效反馈是指在绩效评价结束后，公共部门的管理者与下属通过绩效反馈面谈，将评价结果反馈给下属，并共同分析绩效不佳的方面及其原因，制定绩效改进计划的过程。心理学家发现，反馈是使人产生优秀表现的重要条件之一。如果没有及时、具体的反馈，人们往往就会表现得越来越差，因为在这种情况下，人们无从对自己的行为进行修正，甚至可能丧失继续努力的动力。同理，员工绩效表现不佳的一个可能的原因就是没有得到及时、具体的反馈。有学者认为，缺乏具体、频繁的反馈是绩效不佳最普遍的原因之一。

二、公共部门绩效反馈的意义

公共部门绩效反馈是由上级领导或绩效主管单位的人员就评价对象在评价周期内的绩效情况进行反馈，在肯定成绩的同时，找出工作中的不足并加以改进。由于绩效反馈在绩效评价结束后实施，而且是对评价对象整个绩效周期内的工作完成情况进行全面回顾，因此有效的绩效反馈对公共部门绩效管理起着至关重要的作用。

1. 公共部门绩效反馈有利于就绩效评价结果达成共识。公共部门绩效反馈在公共部门绩效评价结束后，为评价双方提供了一个良好的交流平台。一方面，相关管理人员能够将下级单位或人员的绩效进行充分反馈，不仅仅是告知其评价结果，而且会就导致评价结果出现的原因进行深入的分析，使评价对象能够充分地接受和理解绩效结果；另一方面，评价对象也可以就一些具体问题或自己的想法与上级领导进行交流，指出绩效管理体系或评价过程中存在的问题，解释自己超出或没有达到预期目标的主要原因，并对今后的工作进行计划与展望。公共部门绩效反馈为绩效双方搭建起一座沟通的桥梁，不仅让评价对象成为主动因素，更赋予了其一定的权利，使评价对象拥有知情权和发言权，有效降低了评价结果不公正所带来的负面效应，确保了公共部门绩效评价结果的公平和公正。

2. 公共部门绩效反馈有利于评价对象了解自身取得的成绩与不足。绩效反馈还是一个对绩效水平进行全面分析的过程。通常，公共部门绩效表现为正反两个方面，既有优良和值得鼓励的地方，也有不足需加以改进之处。因此，公共部门绩效反馈也应该从正反两方面着手。当被评价的单位或人员取得成绩时，上级领导给予的认可和肯定，可以对下属起到积极的正向激励作用；与此同时，上级领导也要让评价对象认识到自身存在的缺点与不足，并提出改进绩效的相应建议。通过公共部门绩效反馈，评价对象既获得了鼓励，又发现了不足，从而可以为进一步提升公共部门绩效水平奠定重要的基础。

3. 公共部门绩效反馈可以减少组织目标和个体目标之间的冲突，有利于增强公共部门的核心竞争力。任何一个组织的组织目标和个体目标都在一定程度上存在着矛盾和冲突。个体目标与组织目标若能够协调一致，可以有力推动组织不断发展和进步，反之则会产生负面影响。有效的公共部门绩效反馈，可以通过对公共部门绩效评价过程及结果进行检视与讨论，发现个体目标中的不和谐因素，借助组织中的激励手段，促使个体目标朝着组织目标方向发展，进而有效提升组织目标和个体目标的一致性和协同性。

4. 公共部门绩效反馈有利于绩效改进计划的制定与实施。

公共部门绩效反馈的一个重要目的是实施绩效改进，即针对评价对象当前绩效存在的不足提出改进计划，为下一周期绩效管理的有效开展提供帮助和指导。公共部门绩效改进计划对于绩效不佳的单位或个人尤为重要，如果相关管理部门对此不能给予充分重视，评价对象本人也缺少绩效改进的动力，不去分析导致绩效偏差的原因，那么绩效不佳者很难发现改进绩效的有效途径和方式，也就无法达到提高绩效水平这一重要目的。另外，评价对象参与到公共部门绩效改进计划的制定过程，则会更容易接受绩效改进计划，增强对绩效改进的承诺，有利于绩效改进计划的贯彻落实。

5. 公共部门绩效反馈能够对下一周期绩效目标的制定起到参考作用。绩效管理是一个往复不断的循环过程，一个绩效周期的结束恰好是下一个周期的开始。在公共部门绩效反馈阶段，还可以征询评价对象对公共部门绩效评价体系、方法、流程的看法及建议，有利于促进公共部门绩效管理系统的不断完善。与此同时，通过公共部门绩效反馈可以了解各级员工对本期绩效目标及标准的想法，以及对下一期绩效目标及标准的具体意见，以便制定出更为科学合理的绩效评价目标、指标和目标值。

第二节　360 度反馈计划

一、360 度反馈计划概述

360 度反馈计划是指帮助一个组织成员（主要是管理人员）

从与自己发生工作关系的所有主体（管理者、同事、组织内外部顾客及其他人）那里获得关于本人绩效信息反馈的过程。

360度反馈计划是20世纪80年代由美国学者爱德华兹和艾文（Edwards & Ewen）在一些企业组织中不断研究发展形成的，它是一种全方位的反馈机制，主要适用于管理人员。理解这个概念需要注意以下几个方面：第一，该计划涉及的反馈主体包括管理者本人、上级、下级、同事、与之发生工作关系的内外部顾客。这些人员观察的视角不同，提供的信息内容也不同。第二，该计划的作用在于提供绩效信息方面的反馈，而不是进行绩效评价。反馈信息主要用于管理人员的培训和开发，而不能直接用于薪酬和晋升决策。这是许多组织使用360度反馈计划时在功能定位上常犯的错误。第三，该计划主要适用于管理人员，而不是一线员工。该计划在日本被称为管理者适应性评价技术，指通过反馈信息来评估管理者能力，进而判断其从事本职工作的适应状况。而一些企业将360度反馈计划作为一种绩效评价或考核的方式在整个组织内推行的做法是不妥的。

二、360度反馈计划的优点

第一，360度反馈计划强调组织关心人们付出的行动甚于所获取的结果。360度反馈计划能帮助人们通过各种“软性”的尺度对绩效做出全方位的评价。采用这种形式的反馈，一方面可以避免对“硬性”（量化的）绩效目标的过分依赖，另一方面也避免了只重视评价双方意见的危险做法。

第二，如果360度反馈出自熟悉和了解评价对象工作的评价主体，则能够向评价对象提供更为全面和有价值的绩效信息，从而为评价对象的绩效改进起到促进作用。这种绩效反馈方式与只有上级和下属两人介入的反馈方法相比，在全方位、多视角地发现下属的优点和不足方面优势明显。

第三，360度反馈计划有利于提高下属对绩效反馈信息的认同程度。在传统的反馈方法中，只有上级管理者的反馈，下属有可能对反馈的绩效信息持怀疑的态度，认为它可能带有个人的主观偏见。但是，在360度反馈计划中，如果评价对象从上级、同事、下级和服务对象等多个渠道都得到了类似的绩效反馈信息，那么评价对象对该绩效信息的认可程度就会较高，一般不会对其产生怀疑，这对于评价对象深入反思和综合考虑绩效改进的方法和途径十分有利。

三、360度反馈计划的缺点

360度反馈计划还存在一些缺点。如果过分地依赖360度反馈计划，将会削弱绩效目标的意义，使人们更加习惯于“不是你做了什么，而是你做的方式”的说法。实际上，360度反馈计划只有与其他反馈方法一起使用时，才能最大限度地发挥作用。另外，360度反馈计划涉及的信息比单渠道反馈要多得多，这个优点同时也意味着收集和处理信息的成本也相对较高。360度反馈计划最重要的价值在于开发，而不是评价。任何方法的成败都是由人而不是由技术来决定的，运用这种方法得到的并不是各方所填写的那些表格，而是通过这些信息所发现的评价对象的长处与不足，以帮助评价对象不断提高和改进绩效。因此，大多数专家认为采用 360 度反馈计划的结论来决定职务升降或薪酬发放是一种冒险的做法，谨慎的做法是将它作为一种为评价对象提供全面的绩效信息的有效方式，而不是做出最后管理决策的参考和依据。

第三节　公共部门绩效评价的结果应用

在获取最终的绩效评价结果之后，我们还要面临如何应用评价结果的问题。合理应用绩效评价结果是公共部门开展绩效评价工作的真正意义所在。公共部门绩效评价通过对评价对象的各方面工作进行评价，可以辨识孰优孰劣，为职务任免、奖罚和薪酬的发放等提供必要依据。更重要的是，公共部门绩效评价结果可以帮助评价对象发现工作中存在的问题，为相关部门进行决策提供基本依据：（1）对于监管部门，可以作为改善监管的手段，将事后监管变为日常监督；（2）对于上级部门和组织部门，可以作为对相关责任人进行任免和奖惩的参考依据；（3）对于评价对象，可以作为其发现问题、改进工作绩效的参考意见；（4）对于社会公众，定期有选择地发布评价结果可以作为加强社会舆论监督的手段。公共部门绩效评价结果重点应用于以下几个方面：

一、用于绩效改进，提升公共部门绩效管理水平

公共部门绩效改进是指采取一系列行动以提高绩效的过程。具体步骤是：首先分析绩效的评价结果，找出绩效不佳的原因，然后再针对存在的问题制定合理的绩效改进计划。公共部门绩效改进计划是根据绩效评价结果，着眼于改进绩效而制定的一系列具体行动方案，是绩效计划的有力补充，体现了绩效管理注重组织发展的核心思想。公共部门绩效改进计划通常包括以下几方面内容：一是有待发展的项目及原因；二是目前的水平和期望达到的水平；三是发展这些项目的方式；四是设定达到目标的期限。在对公共部门绩效存在的问题进行诊断和分析之后，就进入制定绩效改进计划阶段。参照企业应用绩效改进计划的情况，公共部门绩效改进计划的制定通常有以下几个步骤。

（1）选择绩效改进要点。通过绩效评价结果分析环节，发现公共部门绩效需要改进的地方可能有很多，但最好能选取一些重要且易做的工作率先进行。如果同时进行，很可能由于压力和难度过大而导致失败。这种情况下就存在挑选绩效改进要点的问题。就这一问题，国内外有许多研究，比如塞莫·勒维就提出了一种两维的选择方法（见表 7－1）。实际上，选择绩效改进要点就是综合考虑每个拟选定项目所需的时间、资源和成本等因素，通常选择用时较短、资源花费少及成本低的项目。

表 7-1　　选择绩效改进要点的方法

绩效	不易改变	容易改变
急需改进	将其列入长期改进计划，或者与绩效薪酬一同改进	最先做
不急需改进	暂时不列入改进计划	第二选择（有助于其他困难绩效的改进）

（2）考虑解决问题的途径。经过对公共部门绩效的诊断和分析环节，选取了适当的绩效改进要点，并对影响绩效的因素有了比较清晰的认识后，就要考虑解决问题的途径。公共部门需要选择一个合适的路径去解决公共部门绩效存在的问题，这需要进行系统的分析。因为公共部门跟企业组织不同，它的每一项政策都将影响到相关利益群体，所以需要全面考虑其相关政策的后续影响。

（3）制定绩效改进计划。绩效改进计划是关于改善现有绩效的计划。制定绩效改进计划实际上就是具体规划应该改进什么、应该做什么、由谁来做、何时做以及如何做的过程。对存在的问题提出有针对性的改进措施，措施应当尽量具体，除了确定每个改进项目的内容和实现手段外，还需要确定每个改进项目的具体责任部门和所需时间，有时还可以说明需要的支持和资源。对特殊的问题还应提出分阶段的改进意见，使公共部门组织、职能部门和员工实现逐步改进绩效的目的。

二、与其他管理措施相匹配，为管理决策提供基本依据

公共部门绩效评价结果的另一个重要作用就是与其他管理措

施建立匹配关系，根据绩效目标的达成情况，为管理者提供决策依据。其中，与绩效管理联系最密切的主要有战略管理、预算管理以及人力资源管理等。

（1）为战略管理提供依据。近年来，公共部门都越来越重视制定战略规划和相关的管理流程，以确保战略计划的执行和战略目标的实现。平衡计分卡的创始人罗伯特·卡普兰和大卫·诺顿曾指出，战略“如果不能被描述，就不能被衡量；如果不能被衡量，就不能被管理”①。也就是说，只有对战略进行清晰的描述和客观的衡量，才能保障战略的落实和有效执行。因此，很多公共部门也都根据战略目标和任务来确定成功的衡量标准，以保证其专注于优先事项，并跟踪战略聚焦领域的进展情况。绩效管理作为战略管理过程中十分重要的组成部分，在建立、执行及评价战略的过程中发挥着重要作用。在对公共部门绩效评价结果进行分析和总结之后，就可以清楚地发现公共部门绩效存在的问题，并为公共部门的下一阶段的工作计划提供依据，帮助公共部门把主要的资源集中到需要改进的工作上，从而为社会提供更加全面、质量更高的公共产品和服务。

（2）为预算管理提供依据。传统的预算管理属于“投入—产出—结果”的投入导向型预算管理模式，它将预算支出分为若干项专项经费，如人员经费、办公经费、建设和购置费等，实行专款专用。在传统预算模式下，政府只需对公共资源的使用负责，

---

① 卡普兰，诺顿．战略地图：化无形资产为有形成果．广州：广东经济出版社，2005：14.

对预算执行过程的监控也着眼于投入方面，并不会特别关注预算投入所带来的结果。20 世纪 70 年代末 80 年代初以来，随着新公共管理运动在全球的迅速扩张和深入发展，绩效预算作为一种新的预算管理模式也随之走进了多个国家和地区。绩效预算与传统预算相比，已经不再是一种单纯的预算管理制度，它与政府绩效管理制度和绩效评价体系紧密相关，并能够通过预算的具体实施有效推动政府绩效的改善和提升，因此，它更符合当代政府的特征和需求。绩效预算是一种既重视投入更重视产出的效益预算，将政府部门获得的预算资金与其工作成果紧密联系起来，并将绩效的评价结果作为预算部门增加或削减预算的核心依据。绩效预算的安排，不再是取决于各部门伸手要多少，而是取决于各部门的绩效水平，即绩效越好的单位就越容易获得更多的预算，从而增强了政府部门使用预算资金的责任感，改变了以往不关注资金使用效益的错误做法，促使各部门合理、有效、节约地使用财政资金，有效制止浪费，实现财政资金效益最大化。

（3）为人力资源管理提供依据。与人力资源管理决策相挂钩也是绩效评价结果应用得最为普遍的方式之一。具体而言，主要体现在以下三个方面：首先，作为晋升的依据。公共部门绩效作为衡量公共部门领导干部绩效的重要组成部分，能够有效体现出领导干部的管理水平，因此公共部门绩效往往作为衡量领导干部能力的重要标准，被用于领导干部选拔与晋升的评价体系中。其次，作为奖惩的依据。根据公共部门绩效评价结果，可以判断相关责任主体的功过得失，并以此作为实施奖惩的主要依据。对于绩效优秀的部门和个人，应予以一定的表彰和奖励，从而形成积极的激励作用和榜样示范效应；而对于绩效不佳者，则应采取相应的惩罚措施，达到奖优罚劣、激励进步的目的。最后，作为培训与开发的依据。绩效评价结果还能够使公共部门认识到自身工作的不足之处，并据此采取有针对性的培训与开发措施，通过对这些缺陷和不足予以弥补，实现绩效改进。

三、公示绩效评价结果，实现组织管理的透明化

在当今以经济的市场化、政治的民主法治化、文化的多元化为时代标签以及整个世界日益信息化与全球化的现代社会里，政府信息公开已成为信息化时代与互联网时代背景下民主与法治建设的重要内容。公共部门绩效评价结果作为国家信息公开的重要组成部分，也受到了日益广泛的关注。通过将组织绩效评价结果传递给主管单位、相关部门以及利益相关者群体，不但有利于公共部门工作的公开化、透明化，实现社会对公共部门工作的有效监督，而且可以使各方能够针对公共部门绩效中的缺陷和不足提出宝贵意见，有利于绩效的改进以及服务水平的提高。

公共部门绩效信息的公开方式涉及绩效信息在公共部门内部公开和向公众公开的具体方式。公共部门内部公开绩效信息的方式是内部公文，要考虑的主要问题是绩效信息在内部的传递顺序。传统的信息传递方式是一种由上及下的方式，该方式的主要缺点是信息传递过程较长，影响了公共部门的灵活性。绩效信息还可以通过网络传播的方式在公共部门内部公开，该方式有利于

绩效信息同时被公共部门的各层级人员所掌握。公共部门绩效信息向公众公开的方式有以下三种：

(1) 通过电子文本的形式在网络上公开。随着电子政务的普及，这种方式因节省费用和覆盖面较广而越来越受到欢迎。但是这一方式对那些缺乏基本的电脑操作技能的公众不利，公开的效果受到了限制。

(2) 通过印刷品的形式供公众购买或阅览。这种方式的优点是对公众的技能要求比较低，与第一种方式相比其缺点是耗费较大，覆盖面有限。

(3) 依据请求提供信息。在涉密内容例外的原则下，若公众向公共部门提出请求，行政机关可向申请人公开电子或印刷品文件。与前两种方式相比，其优点是目标受众明确，缺点是加大了行政机构的工作量。

此外，为了使公共部门绩效评价结果的公开切实成为推动公共部门改进效能和加强公众监督的有效方式，除了要将相关绩效信息公之于众外，还应该通过加强对绩效信息的监管、开辟绩效信息反馈渠道等方式，增强绩效评价结果公开的实际效果。

第三篇

公共部门绩效管理工具

第八章　目标管理：员工参与和自我控制

第一节　目标管理的概念

目标管理（management by objectives，MBO），是1954年由美国著名管理学家德鲁克在《管理的实践》一书中提出的。德鲁克认为，一个组织的使命和任务都必须转化为目标，而目标只有分解成更小的目标后才更容易实现。不是有了工作才有目标，而是有了目标之后，根据具体的目标来确定每个人的工作。如果某个领域没有特定的目标，则这个领域必然会被忽视。各级管理者只有通过目标对下级进行领导，并以目标来衡量员工的贡献和产出，才能保证组织总目标的顺利实现。反之，如果没有一定的目标来指导员工的工作，则随着组织规模的扩大和人员的增多，发生冲突及浪费的可能性就增大。因此，德鲁克提出让员工和上级一起，根据组织的总体目标，协商制定员工的个人目标；并在目标管理的实施阶段，实行权限下放和民主协商，使员工进行自我控制，独立自主地完成工作任务，从而有效激发员工的工作热情，发挥员工的主动性和创造性。

以往古典管理学派偏重于以工作为中心，忽视了人性的一面；行为科学又偏重于以人为中心，忽视了同工作的结合。因此，德鲁克提出的目标管理是在科学管理和行为科学的基础上将对工作的关注和人的价值统一起来，使员工能够从工作中满足个人需求，同时又能够确保组织目标的顺利实现。"目标管理和自我控制"最大的优点就在于：以目标给人带来的自我控制力取代来自他人的支配式的管控方式，从而激发人的最大潜力，把事情办好。因此，目标管理是一种参与、民主和自我控制的管理思想，也是一种把个人需求与组织目标相结合的管理思想。在这一管理思想下，上级与下级的关系是平等、尊重和相互支持的，下级在承诺目标和被授权之后是自觉、自主和自治的。

在德鲁克之后，很多学者对目标管理进行了定义，使目标管理理论得以不断地发展和完善。约翰·哈姆伯勒（John Humble）认为，目标管理是在管理者努力发展自己的前提下，积极整合组织的需要来阐明和实现组织利益的动力系统，是对管理风格的要求与奖赏。乔治·欧迪伦（George Odiorne）认为，目标管理是一种秩序，凭借上下层级对目标的共同了解，制定个人的工作目标及职责，使之能齐心协力地完成组织目标，并以预定的目标作为工作推进的指导原则和评审成果的客观标准。德尔·D. 麦康尼（Dale D. McConkey）把目标管理看成一种业务管理计划和考核方法，即每一位管理者都按其应达成的目标与成果订立一年或一定期间内具体可行的工作内容与进度，期满时以预定目标来衡量实际的成果。麦康尼在分析了近四十位权威人士对目标管理的观点之后，认为个体目标与组织目标应当联系起来，并且需要用具体可衡量的标准来定义目标。

尽管目标管理的具体形式多种多样，但其基本内容是一致的。简言之，目标管理可以描述为如下一个过程：组织中的上下级一起协商，共同制定目标；根据一定时期内组织的总目标，来决定上下级的职责和子目标，并把这些目标作为组织经营、评估和奖励的标准。具体而言，目标管理由明确目标、参与决策、规定期限和反馈绩效四个要素构成。

第二节　目标管理的实施

20 世纪 70 年代，目标管理在企业得到广泛推广之后，德鲁克又将这一管理方法引入政府管理领域，形成适用于政府组织等公共服务机构的目标管理理论。德鲁克认为，公共部门绩效管理是当代管理工作中“最重大、最主要的任务”，公共部门可以像企业一样应用和实施目标管理。

目标管理包括以下两方面的重要内容：第一，必须与每一位员工共同制定一套便于衡量的工作目标；第二，定期与员工讨论他的目标完成情况。具体而言，公共部门的目标管理主要包括计划目标、实施目标、评价结果和反馈四个步骤。

一、计划目标

计划目标是指根据组织的使命和任务制定组织的总体目标和行动计划，并依据公共部门的管理层次来确定每个部门和个人的具体目标。通常，每年年初或上年年末，公共部门的高层管理者要根据实际情况和上级部门提出的要求，制定出本年度要完成的目标；然后，各部门的中层管理者与上级一起将组织的目标分解为本部门的目标，并最终分解为每个员工的个人目标。在制定员工个人目标时，上级领导和下属员工要及时沟通、共同协商。通过制定目标这一过程，不仅将组织的目标逐级分解为一个个细化的具体目标，而且能够使员工明确组织期望达到的结果以及为达到这一结果所应采取的措施、步骤和所需的时间及资源，使他们在为目标努力时了解自己目前在做什么、已经做了什么和下一步还要做什么，不断增强员工个人的工作积极性和组织归属感。

二、实施目标

目标管理的实施阶段，强调以自我管理为核心来开展工作，其主要目的是对目标计划的实施情况进行监控，保证制定的计划按照预定的步骤进行。在实施目标的过程中，上级领导的主要工作不再是严格的管理，而是根据既定的目标、行动计划和时间安排等对下属的工作进行指导、协助和监控。通过这一过程，可以及时地发现问题、纠正行为或对既定计划进行适当的修改；同时也可以使管理者注意到组织环境对下属员工工作表现产生的影响，帮助下属员工适应他们无法控制的客观环境，创造良好的工作氛围。

三、评价结果

评价结果就是将实际达到的绩效结果与预先设定的目标相比较，其目的是使管理者找出未能达到目标的原因，或实际达到的目标远远超出预定目标的原因，从而帮助管理者做出合理的决策。政府部门多采用以月、季、年为周期的阶段性评价，并根据目标的达成情况、目标的复杂程度以及工作的努力程度等进行区别性的评价。通过对实际结果与设定目标的比较评价，达到扬长避短的目的。在政府部门中，评价方式主要有自评和互评两种。

四、反馈

反馈就是上级与下级一起共同回顾整个目标管理周期，对目标完成的进度和预期目标的达成情况进行讨论，从而为新目标的制定以及为实现新目标可能采取的战略做好准备。及时反馈结果很大程度上影响着个人、部门乃至整个组织的工作效率和工作进度。但是，在我国目前的公共部门绩效管理中，这一环节常常被忽略。因此，首先要在公共部门目标管理的过程中树立结果反馈的观念，并尽可能指派专门的机构负责目标管理的反馈工作。

目标管理特别重视和强调员工对整个组织的贡献。在传统的绩效管理中，管理者的作用类似于法官的作用；而在目标管理中，管理者发挥着顾问和促进者的作用，员工也从消极的旁观者转换成了积极的参与者。参与目标的制定使得员工成为目标制定和决策过程的一部分。在整个目标管理的过程中，管理者都要保持联系渠道公开，其目的在于能够及时地与员工沟通，帮助员工持续进步，确保工作任务能够按照既定目标顺利完成。

第三节　对目标管理的评价

目标管理风行一时并不是偶然。经历了第二次世界大战后的各国经济由缓慢恢复转向迅速发展时期，企业急需采用新的管理方法调动员工的积极性以提高竞争力。目标管理由于适应了当时环境的变化和管理实践的需要而迅速发展起来，并因为其便于理解、操作性强等特点，在政府部门的绩效管理中得到广泛应用。与传统的表现性评价相比，目标管理已经取得了长足的进步。

一、目标管理的优点

（1）目标管理重视人的因素，强调“目标管理和自我控制”。让员工与上级一起共同协商确定绩效目标，可以使员工有机会把自己的想法纳入计划之中，也使得员工对于目标的理解更为透彻，从而最大限度地激发员工的工作兴趣和积极性。同时，通过让员工在达成目标的过程中进行自我控制来满足其自我实现的需要。因此，目标管理既可以进行有效的控制，又可以有效地激励员工，促进员工进步。

（2）目标管理可以帮助管理者厘清思路，有利于组织目标的顺利实现。目标管理迫使管理者仔细思考实现目标所应采取的方式、方法、所需的时间和资源，以及行动计划的效果和可能遇到的问题等，从而可以确保行动计划的可行性。同时，由于目标管理强调员工参与，这能够促使组织中的各级管理者及员工明确和理解组织的目标、组织的结构、组织内的分工与合作及各自的工作任务和职责权限等，有利于目标实施过程中的相互配合和既定目标的顺利实现。

（3）目标管理能改进管理方式和改善组织氛围。目标管理以目标的制定为起点，以目标完成情况的评价和反馈为终点。工作结果是评价工作绩效最主要的依据，这样就使得在实施目标管理的过程中，员工控制目标实现的能力得以增强。同时，目标的制定和实施必须依赖于良好的上下沟通和相互配合，因此，目标管理又能够有效地改善人际关系和营造良好的组织氛围。

二、目标管理的缺点

在实施的过程中，目标管理也暴露出一些弊端。到了 20 世纪 70 年代末，目标管理开始遭到质疑。

（1）目标管理假定人们对成就、能力与自治有强烈的需求，员工愿意接受有挑战性的目标，因此，允许员工制定自己的目标与绩效标准。但它忽视了组织中的本位主义及员工的惰性，对人性的假设过于乐观：组织中的员工并非都具有高成就动机，愿意参与决策和承担挑战性任务，这使得目标管理的效果在实施过程中大打折扣。正是基于这个原因，当今许多组织将目标管理的应用范围仅局限于中高层管理者或技术人员。

（2）上下级为统一思想所进行的反复沟通需要耗费大量的时间和成本。罗伯特·谢弗（Robert Schaffer）指出："值得嘲讽的是，目标管理经常制造的是纸片风景，计划变得越来越长，文件越来越厚，焦点散漫，质量因目标标准过多而混乱，能力都花在机制上而不是结果上。"这容易使得目标管理流于形式。

（3）目标及绩效标准难以确定。目标管理过分强调通过量化指标来衡量绩效，然而组织中的许多工作是难以量化的，而且绩效标准也因人而异，难以形成一个互相比较的管理平台，目标管理的公平性因此受到质疑。

（4）目标管理使得员工倾向于选择短期目标，即可以在评价周期内加以衡量的目标，从而导致组织内部员工为了达到短期目标而牺牲长期目标，使得组织长期利益受到忽视，不利于组织的可持续发展。

无论如何，目标管理在管理思想史上仍具有划时代的意义。它不仅作为一种绩效管理工具，为未来绩效管理的发展奠定了基础；同时，它作为一种先进的管理思想，也对后期的很多管理学理论产生了重大影响。

第九章　关键绩效指标：战略导向和关注结果

第一节　关键绩效指标的内涵与类型

一、关键绩效指标的内涵

进入 20 世纪 80 年代，随着管理实践的发展，管理学界开始注重将绩效管理与组织战略相结合。在这种背景下，关键绩效指标（key performance indicators，KPI）应运而生。所谓关键绩效指标，是指将组织战略目标经过层层分解而产生的、具有可操作性的、用以衡量组织战略实施效果的关键性指标体系。其目的是建立一种机制，将组织战略转化为内部流程和活动，从而促使组织获取持续的竞争优势。关键绩效指标作为一种战略性绩效管理工具，其核心思想是根据“二八”原则，认为找到组织的关键成功领域（key result areas，KRA），洞悉组织的关键绩效要素（key performance factors，KPF），有效管理组织的关键绩效指标，就能以少治多、以点带面，从而实现组织战略目标，进而打造持续的竞争优势。其中，关键成功领域是为了实现组织战略目标而必须做好的几方面工作；关键绩效要素是对关键成功领域的细化和定性描述，是制定关键绩效指标的依据。关键成功领域、关键绩效要素和关键绩效指标始终保持着战略导向性，三者的关系如图 9－1 所示。

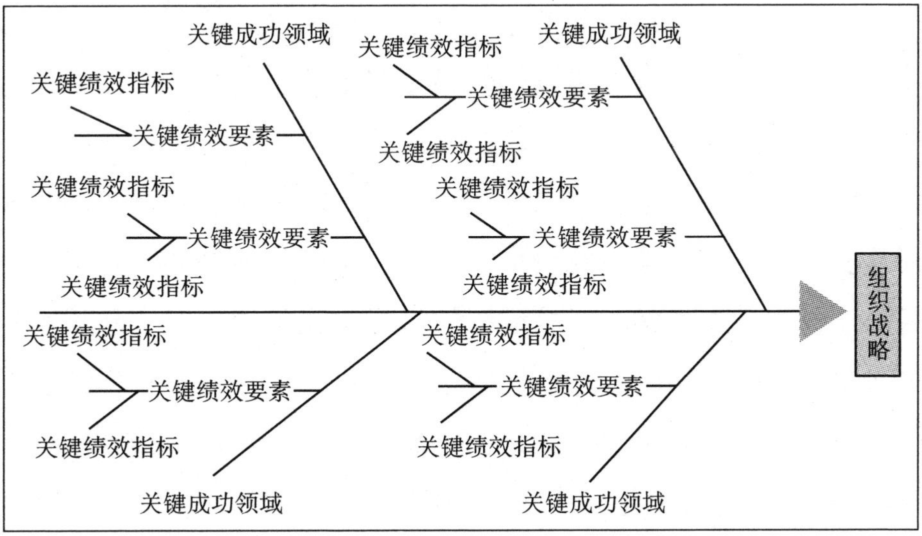

图 9－1　基于组织战略的 KRA、KPF 和 KPI 的关系：鱼骨图

对于关键绩效指标体系的内涵，可以这样来理解：它是对组织战略目标有增值作用的绩效指标，这种增值作用体现在它将个人绩效与组织战略目标连接起来，能够反映影响组织价值创造的关键驱动因素。因此，它既不是绩效目标，也不是一般的或全部的绩效指标，更不是能力或态度类指标，而是能够衡量组织战略实施效果的关键指标体系。

二、关键绩效指标的类型

根据不同的标准，可以把关键绩效指标分为不同的类型。其具体的分类标准包括绩效指标的层次、绩效指标的性质等。

1. 按照关键绩效指标的层次划分

关键绩效指标是一个系统化的指标体系，包括三个层次、四种类别。就层次而言，关键绩效指标要求建立组织、部门和个人三个层次的指标。其中，组织的关键绩效指标，来自对组织战略的分析；部门的关键绩效指标，来自对组织关键绩效指标的承接和分解；个人的关键绩效指标，则来自对部门关键绩效指标的承接和分解。严格意义上，关键绩效指标是指那些对组织战略顺利实施发挥重要作用的可操作性的指标体系。但是，在具体的管理实践中，通常还会将一般绩效指标（performance indicators，PI），即影响组织管理和目标实现的基本指标引入绩效指标体系中。一般绩效指标的选择和确定借鉴了关键绩效指标的思路，主要来源于部门或个人的工作职责，体现了组织各层次具体工作职责的基础要求，是对关键绩效指标的补充，是关键绩效指标得以实现的保障。公共部门各级关键绩效指标及一般绩效指标的关系如图 9－2 所示，这三个层面的指标共同构成了公共部门关键绩效指标体系。通过关键绩效指标体系的建立，把公共部门的战略规划和目标通过自上而下的层层分解落实为部门和员工个人的具体工作目标，将公共部门规划转化为内部流程和活动，从而确保战略目标的有效实现。

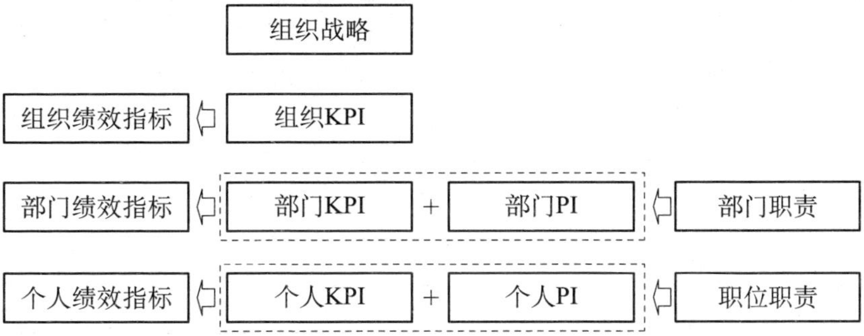

图 9－2　公共部门各级 KPI 及 PI 的关系

2. 按照关键绩效指标的性质划分

纵观公共部门组织绩效、部门绩效及员工个人绩效指标之间所呈现出的层层分解、层层支撑的关系，不难体会到“关键”一词是将三者紧密联系起来的主线。关键绩效指标强调在组织战略的牵引下，倾注全力于对组织发展至关重要的关键成功领域，这充分体现了它作为一种战略性绩效管理工具的鲜明特色。就类别而言，关键绩效指标通常采用财务指标、经营指标、服务指标和管理指标的分类方法，其中财务指标侧重衡量组织创造的经济价值，经营指标侧重衡量组织经营运作流程的绩效，服务指标侧重衡量利益相关者对组织及其所提供的产品或服务的态度，管理指标侧重衡量组织日常管理的效率和效果。关键绩效指标分类示例如表 9－1 所示。

表 9－1　　关键绩效指标分类示例

指标类型	关键绩效指标	单位	权重	目标值	完成情况	打分
财务指标	业务收入	亿元	25%			
	……	……	……			

续表

指标类型	关键绩效指标	单位	权重	目标值	完成情况	打分
经营指标	网络资源利用率	%	5%			
	……	……	……			
服务指标	服务对象满意度	%	5%			
	……	……	……			
管理指标	关键人员流失率	%	5%			
	……	……	……			

第二节　关键绩效指标的实施

设计良好的关键绩效指标是公共部门绩效管理成功的保障，它所提供的基础性数据是绩效评价的标准和绩效改进的依据。关键绩效指标的设计通常采用基于战略的成功关键因素分析法，关键绩效指标体系的建立过程应当按照以下六个步骤进行，如图 9－3 所示。

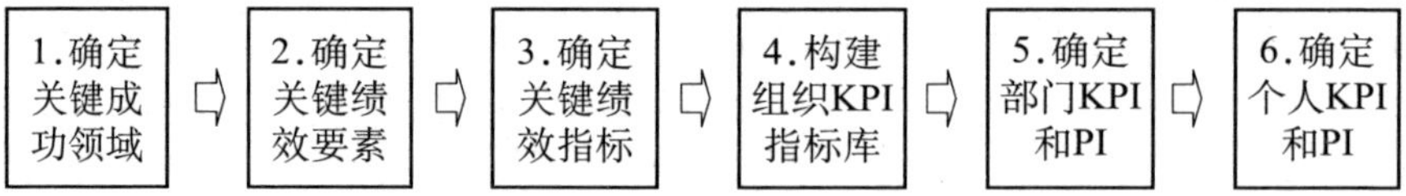

图 9－3　关键绩效指标体系建立的步骤

一、确定关键成功领域

在建立有效的关键绩效指标体系之前，首先必须明确整个政府组织的战略是什么，然后根据组织的战略及战略目标，通过鱼骨图分析，寻找能够促使组织成功的关键成功领域，即对组织的战略目标有重大影响的领域。确定组织的关键成功领域，必须明确三个方面的问题：（1）这个组织为什么会取得成功，成功靠什么；（2）在过去那些成功因素中，哪些能够使组织在未来持续获得成功，哪些会成为组织成功的障碍；（3）组织未来追求的目标是什么，未来成功的关键因素是什么。这实质上是对组织的战略制定和规划过程进行审视，对所形成的战略目标进行反思，并以此为基础对组织的竞争优势进行剖析。为了能够更加生动形象地阐释关键绩效指标体系的建立过程，在此以某铁路局的关键绩效指标体系为例，其关键成功领域的确定如图 9－4 所示。

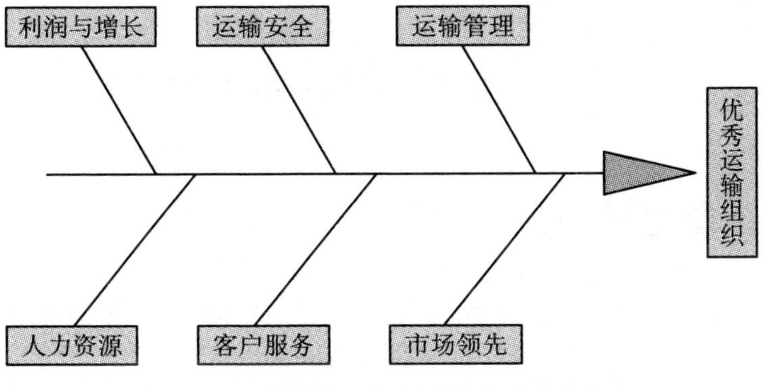

图 9－4　某铁路局关键成功领域的确定

二、确定关键绩效要素

关键绩效要素提供了一种“描述性”的工作要求，它是对关键成功领域进行进一步的分解和细化。它主要是要解决以下几个问题：（1）每个关键成功领域包含的内容是什么；（2）如何保证在该领域获得成功；(3) 该领域获得成功的关键措施和手段是什么；(4) 该领域成功的标准是什么。回答上述问题的有效方法就是采用头脑风暴法以集思广益，并利用鱼骨图由浅入深、由表及里地进行层次分析，如图 9 - 5 所示。

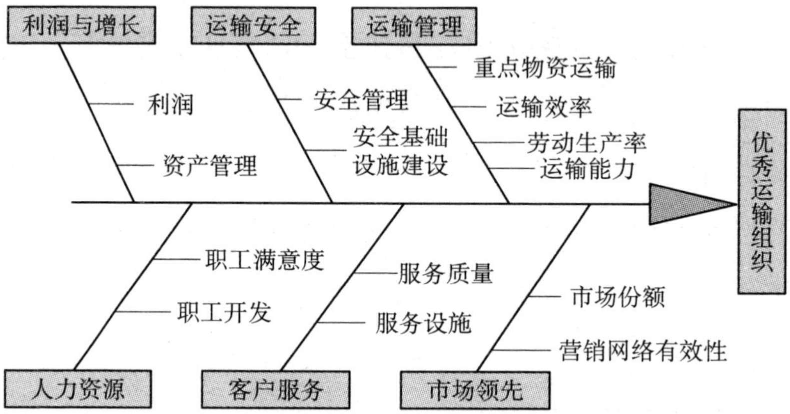

图 9 - 5　某铁路局关键绩效要素的确定

三、确定关键绩效指标

确定关键绩效指标就是对关键绩效要素进行细化和甄选，首先将关键绩效要素细化为反映其特性的指标，其次按照具体的原则在众多指标中选择出关键绩效指标，如图 9 - 6 所示。在确定关键绩效指标的过程中，一般需要遵循三个原则：(1) 指标的有效性，即所设计的指标能够客观地、集中地反映关键绩效要素的要求；(2) 指标的重要性，即通过对组织创造价值的流程分析，找出对其绩效影响最大的指标；(3) 指标的可操作性，即指标必须有明确的定义和计算方法，能够获取客观可靠的数据。

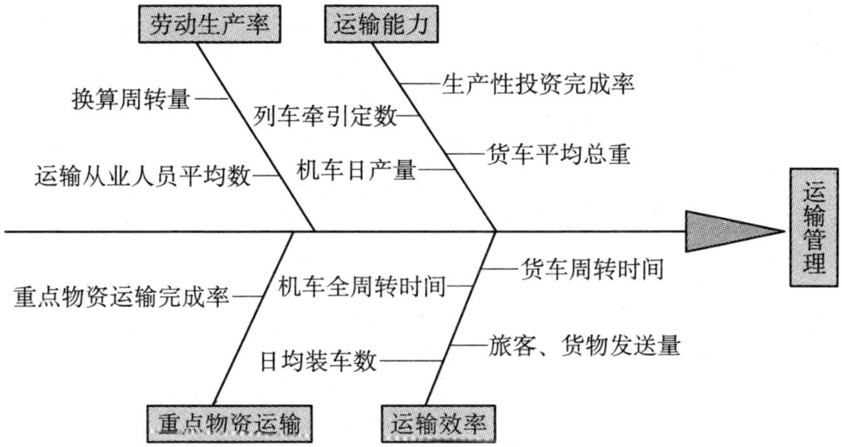

图 9-6 某铁路局关键绩效指标的确定

四、构建组织 KPI 指标库

将前三个步骤分析所得出的关键成功领域、关键绩效要素和关键绩效指标汇总制表，作为整个公共部门组织绩效评价的依据，如表 9-2 所示。

表 9-2 某铁路局关键绩效指标汇总表

关键成功领域	关键绩效要素	关键绩效指标
运输管理	运输能力	生产性投资完成率
		列车牵引定数
		机车日产量
		货车平均总重
	运输效率	货车周转时间
		日均装车数
		旅客、货物发送量
		机车全周转时间
	劳动生产率	换算周转量
		运输从业人员平均数
	重点物资运输	重点物资运输完成率

续表

关键成功领域	关键绩效要素	关键绩效指标
市场领先	市场份额	客货运市场占有率
		客货运收入增长率
	营销网络有效性	客运计划完成率
		货运计划完成率
运输安全	安全管理	行车事故率
	安全基础设施建设	安全设施投入
		线路病害率
客户服务	服务质量	旅客满意度
		货主满意度
		大客户满意度
		路风事件件数
	服务设施	车站评比达标率
		列车评比达标率
利润与增长	利润	运输总收入
		运输总支出
		非生产性支出
		每万换算吨公里综合能耗
	资产管理	净资产收益率
		固定资产利用率
		资产负债率
人力资源	职工满意度	职工满意度综合指数
	职工开发	优秀职工流失率
		绩效改进计划完成率

五、确定部门 KPI 和 PI

公共部门组织目标的实现，需要各个职能部门的全力支持。因此，公共部门组织级关键绩效指标需要被分配或分解到相应的职能部门，形成部门级关键绩效指标。有些组织级关键绩效指标可以直接被某职能部门承接，成为该部门的关键绩效指标。有些指标则不能被直接承接或由一个职能部门单独承接，这就需要对这些指标进行进一步的分解，指标的分解一般基于组织结构和内部流程两条主线进行，如图 9－7 所示。除此之外，为了全面地评价公共部门的部门绩效，还应该根据该部门的流程与职责等筛选出适应该部门的一般绩效指标作为补充，共同作为公共部门的部门绩效评价依据。

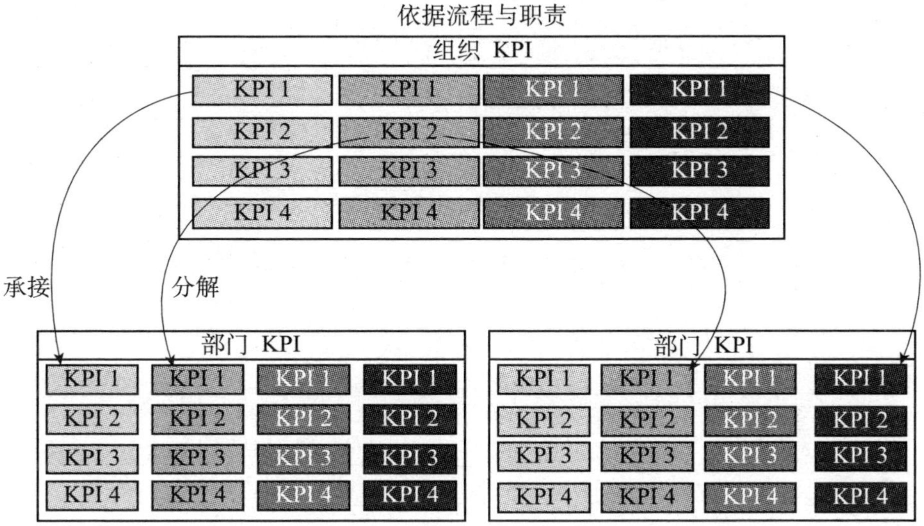

图 9－7　部门 KPI 的确定

六、确定个人 KPI 和 PI

员工个人关键绩效指标和一般绩效指标的确定方式同部门绩效指标一样，如图 9－8 所示。一部分个人关键绩效指标是通过对部门关键绩效指标的承接或分解得来，另一部分则来自员工个人的工作职责。

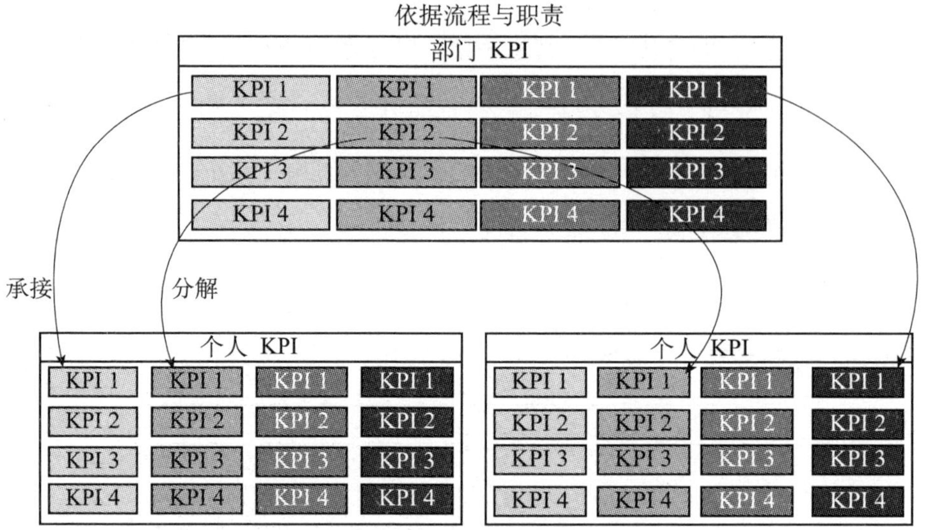

图 9－8 个人 KPI 的确定

至此，组织、部门和个人三个层级的关键绩效指标得以确立。经过一段时间的发展，整个公共部门就可以建立一个比较完整的关键绩效指标库，根据不同的发展阶段、不同的战略和组织结构选取不同的关键绩效指标，并可以随着组织的发展和战略目标的改变对关键绩效指标进行及时的调整和补充。

第三节 对关键绩效指标的评价

一、关键绩效指标的优点

善于运用关键绩效指标对组织进行绩效管理，有助于发挥战略目标的牵引作用，形成对员工的激励约束机制。关键绩效指标主要有以下优点：

（1）关键绩效指标是基于组织战略的指标体系，有利于组织战略目标的实现。关键绩效指标是对组织战略目标的层层分解，通过对关键绩效指标的有效整合和控制，使员工的绩效行为与组织战略目标的要求相吻合，有利于保证组织战略目标的顺利实现。

（2）关键绩效指标的达成，有利于组织利益与个人利益的协调一致。关键绩效指标是对组织目标的层层分解和层层支撑。员工在实现个人绩效目标的同时，也是在实现组织整体的战略目标。因此，关键绩效指标的达成有利于组织整体利益与员工个人利益的和谐统一，实现组织利益与员工利益的共赢。

（3）关键绩效指标的确定，有利于抓住关键工作。关键绩效指标强调目标明确、重点突出、以少带多。关键绩效指标一般可以避免由指标庞杂、工作重点不明确所引发的关键工作受忽视或执行不到位的现象发生。

二、关键绩效指标的缺点

关键绩效指标的出现受到了管理界和学术界的肯定与认可，但随着管理实践的不断深入，关键绩效指标也暴露出某些缺点和问题，主要体现在以下几个方面：

（1）关键绩效指标的战略导向性不够全面。关键绩效指标强调战略导向，但没有关注组织的使命、核心价值观和愿景，缺乏战略检验和调整的根本标准；在面对不确定性环境的时候，或在战略需要调整和修正时，使用关键绩效指标的局限性尤为明显。

（2）关键成功领域之间缺少明确的逻辑关系。关键成功领域是根据战略的需求确定的对战略有贡献的相关独立的领域，容易忽略领域间横向的协同和合作，并直接导致关键绩效指标间缺乏逻辑关系。在管理实践中，关键成功领域没有数量的限制，不同的设计者可能提出不同的关键成功领域，最终就会导出不同的关键绩效指标。

（3）关键绩效指标之间相对独立，缺乏明确的关联性。这可能导致关键绩效指标对资源配置的导向作用不明确，甚至出现指标间相互冲突的情况，容易造成不同部门和不同员工在完成各自关键绩效指标的过程中，争夺有限的资源或重复地使用资源，从而产生不必要的耗费和损失。

（4）关键绩效指标过多地关注结果，而忽视了对过程的监控。科学高效的绩效管理系统不仅需要关注最终的结果，还需要对实现路径进行全面的关注，以便于在过程中加强监控和管理，从而保证组织获得持续稳定的高绩效。

尽管关键绩效指标存在一定的缺点和问题，但是关键绩效指标是绩效管理思想和工具的一个创新和进步。它为管理者们提供了一种新的思路和途径，为绩效管理思想和工具的发展提供了一个新的平台。

第十章　平衡计分卡：化战略为行动

20 世纪 90 年代，随着知识经济和信息技术的兴起，无形资产的重要性日益凸显，人们对以财务指标为主的传统企业绩效评价模式提出了质疑。在此背景下，美国哈佛大学商学院教授卡普兰和著名咨询专家诺顿在总结归纳已有绩效管理工具的基础上，针对企业组织的绩效评价创建了平衡计分卡。经过两位创始人近 20 年锲而不舍的努力，平衡计分卡得以不断地推陈出新，逐渐发展成为系统完善的战略及绩效管理工具，并被广泛应用于企业、政府、军队、非营利机构等各类组织的管理实践当中。

第一节　平衡计分卡概述

为了应对迅速变化的生存环境和市场需求，管理者需要全面掌握组织的经营业绩和运作情况，尤其是无形资产对组织价值创造的贡献。然而，传统财务绩效评价模式因其固有的滞后性，已无法满足管理实践的现实需要，平衡计分卡（balanced score-card，BSC）应运而生。

1990年，美国毕马威会计师事务所（KPMG）的研究机构诺兰诺顿研究所（Nolan Norton Institute）资助了一个名为“未来的组织业绩衡量”的研究项目。该项目为期一年，共有12家单位参加，涉及制造、服务、重工业和高科技等多个行业。项目结束后，卡普兰和诺顿总结了研究团队的成果，共同撰写了一篇论文《平衡计分卡——驱动业绩的衡量体系》（The Balanced Scorecard：measures that drive performance），发表于1992年1—2月号的《哈佛商业评论》。该文的发表标志着最初用于衡量企业组织绩效的平衡计分卡正式问世。

平衡计分卡自问世以来，受到社会各界的广泛认可并迅速风靡全球，成为近百年来最具影响力的管理工具之一。据统计，在世界500强中有80%的企业应用了平衡计分卡，《财富》杂志公布的世界前1 000家公司中，有70%的公司采用了平衡计分卡。《哈佛商业评论》在庆祝创刊75周年和80周年之际，先后评选了“75年来最伟大的75个管理工具”和“过去80年来最具影响力的十大管理理念”，平衡计分卡均名列前茅。

一、平衡计分卡的框架

对平衡计分卡的理解，有广义和狭义之分。广义的平衡计分卡指的是一种先进的战略及绩效管理工具；狭义的平衡计分卡是指与战略地图相并列的一种管理表格。战略地图的价值侧重于描述战略，狭义的平衡计分卡则侧重于衡量战略，两者通过战略目标这一关键要素紧密联系在一起。通过运用狭义的平衡计分卡和战略地图来描述战略、衡量战略、管理战略、协同战略以及连接战略与运营，从而确保组织战略的成功实施和组织绩效的全面提升。

战略地图是对组织战略要素之间因果关系的可视化表示方法，是一种有效诠释和沟通组织战略、说明价值创造过程和描述战略逻辑的管理工具。为了便于读者的理解和记忆，我们把通用的战略地图形象地比喻为一座四层的房子。位于楼房顶端的是组织的使命、核心价值观、愿景和战略；房子的主体部分为四个楼层，从上往下依次是：财务层面、客户层面、内部业务流程层面、学习与成长层面。战略地图的基本框架如图 10－1 所示。使命和愿景为组织的发展确定了总的目标和方向，帮助股东、客户和员工正确理解组织的目标和期望。战略是平衡计分卡的核心，是组织在认识其经营环境和实现使命过程中所接受的显著优先权和优先发展方向。组织必须通过制定战略将使命和愿景落实到执行层面，把有限的资源集中到对组织目标实现具有重要推动作用的行动计划上去。

1. 使命

使命是组织存在的根本价值和追求的终极目标，概括了组织为人类所做出的贡献和创造的价值。卡普兰和诺顿认为，使命是一个简明的、重点清晰的内部陈述，说明了组织存在的原因、指引了组织行动的基本目标和明确了员工行动的价值。一个组织的

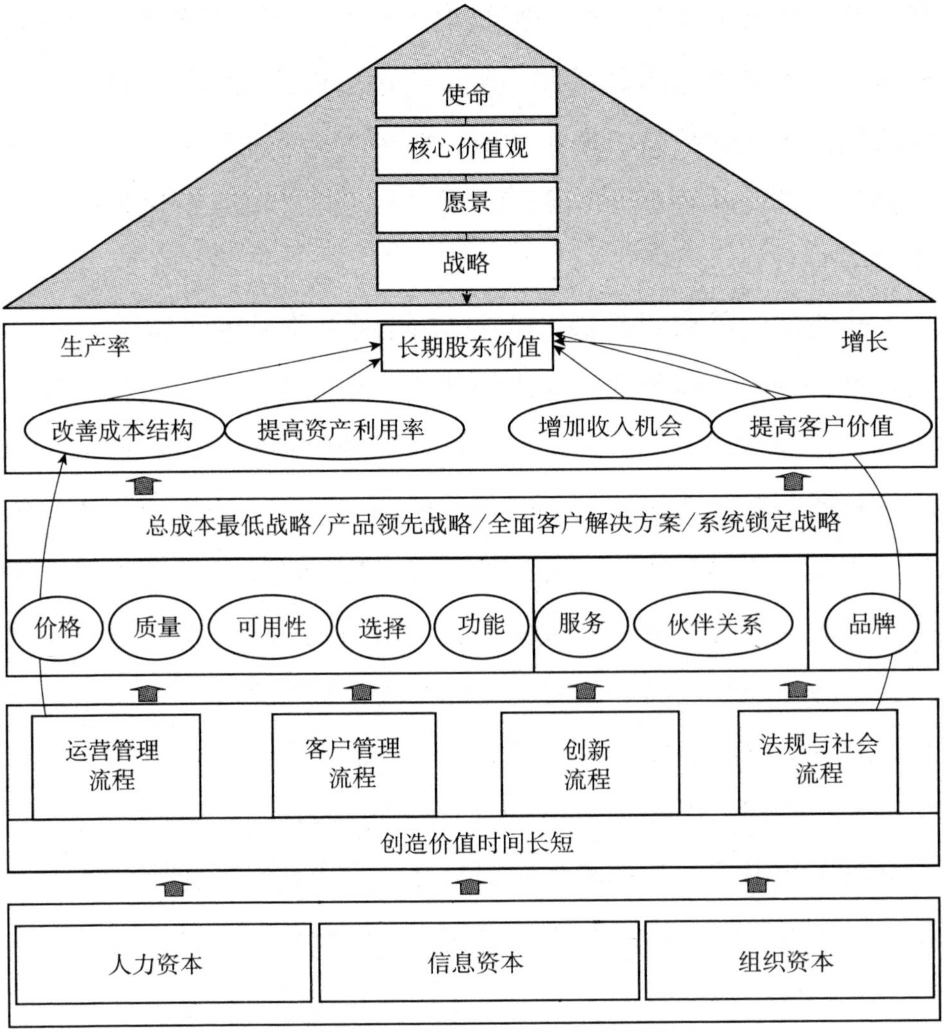

图 10-1　战略地图的基本框架

使命可能简单明了，却能够激励人心。使命不等于经济目标，“利润最大化”并不能激励组织中各个层级的成员，并且不具有指导作用。正如管理学家吉姆·C. 柯林斯（Jim C. Collins）所言：“对于那些尚未认清真正核心目标的组织来说，‘股东财富最大化’是一种现成的、标准的目标，但它实际上是一种无效的替代品。”使命可以延续上百年，因此不能将其和具体的目标、战略混为一谈。目标和战略可以随着组织环境的变化和发展的需要而改变，但使命却恒久不变；目标和战略可以一步一步地实现，但使命却不可能完全实现。使命就像是地平线上的启明星，是组织永远不可及的追求。虽然使命本身不变化，但是它可以激发改变。“使命永远不可能完全实现”这一事实，恰恰激励着组织持久地追求。使命就像是组织远航时的灯塔，指引着组织发展的方向，指导和鼓舞着组织成员不懈地努力。因此，在现在这个环境日益多变、竞争日益激烈的时代，组织比以往任何时候都更需要明晰自身的使命，这样才能使组织的工作变得更有意义，更能吸引、激励和留住杰出的人才。表 10－1 列出了几个组织的使命。

表 10－1　　使命示例

沃尔玛（Wal-Mart）	帮助顾客省钱，让他们生活得更美好。
索尼（Sony）	体验发展技术造福大众的快乐。
耐克（Nike）	体验竞争、获胜和击败对手的感觉。

2. 核心价值观

核心价值观（core value）是指组织中指导决策和行动的永恒原则，体现在组织成员日复一日的行动中，反映了组织深层的信仰。卡普兰和诺顿认为，“组织的价值观（通常被称为核心价值观）体现了组织的态度、行为和特质”。高瞻远瞩的组织通常只有几条核心价值观，一般介于 3 至 5 条之间。这是因为，只有少数的价值观才是深植于组织内部的、至为根本的指导原则。核心价值观是确保组织长盛不衰的根本信条，不能将其与特定的文化或作业方法混为一谈，也不能为了经济利益或短期权益而自毁立场。核心价值观可以来源于领导者的个人信仰，但真正的价值观必须能够接受时间的考验，成为组织文化长期积累和沉淀的结果，为全体成员所共同认可和遵从。表 10－2 列出了两个组织的核心价值观。

表 10－2　　核心价值观示例

索尼	1. 弘扬日本文化，提高国家地位。
	2. 成为时代先锋——不追随别人；做不可能的事。
	3. 激发个体的能力和创造力。
迪士尼（Disney）	1. 不冷嘲热讽。
	2. 培养和传播“充满生机的美国价值观”。
	3. 创造、梦想和想象。
	4. 执着地追求持久永恒和细致入微。
	5. 对迪士尼神话的保护和控制。

3. 愿景

愿景是组织勾画的宏伟蓝图和期望实现的中长期目标，是组织成员发自内心的意愿。愿景能够反映组织的使命、核心价值观，明确指引组织战略的制定，正确指导组织成员执行战略的行动，确保组织沿着既定的方向发展。组织的愿景一般由两部分组成：一是组织中长期内要实现的“胆大包天”的目标（big hairy audacious goals，BHAG）；二是对组织实现“胆大包天”目标后会是怎样的生动描述。“胆大包天”的目标应该是简洁、可行并且鼓舞人心的，它是组织成员共同追求的目标，是团队精神的催化剂，能够激发所有人的力量，促使组织团结。生动描述则是用憧憬的语言传达想要展现给世界的形象。卡普兰和诺顿认为，愿景是一个简明的陈述，通常用憧憬的语言传达组织中长期（3～10年）想要展现给世界的形象。一个清晰的、具有说服力的愿景陈述一般包括三个关键因素：挑战性目标、市场定位和时间期限。表10－3是愿景的几个示例。

表10－3　　愿景示例

索尼（20世纪50年代）	成为全球最知名的企业，改变日本产品在世界上的劣质形象。
耐克（20世纪60年代）	击败阿迪达斯。
斯坦福（20世纪40年代）	做西部的哈佛。

4. 战略

战略（strategy）是一种假设，是关于为或不为的选择，是组织在认识其经营环境和实现使命过程中所接受的显著优先权和优先发展方向，描述了组织打算为谁创造价值以及如何创造价值，它是平衡计分卡的核心。卡普兰和诺顿主要是秉承战略定位学派的观点，尤其是迈克尔·波特的思想，从竞争战略层面来探讨战略。波特把战略分为三个层次：一是定位，即战略就是一种独特、有利的定位，关系到各种不同的运营活动；二是抉择，即在市场竞争中做出取舍；三是配置，即在组织的各项运营活动之间建立一种有效的联系。因此，一份完整的战略既要定义“战略是什么”，也要指出“如何达成战略”。具体如图10－2所示。

需要注意的是，战略是从组织使命到员工行动这一连续统一体中的一环，它自身无法构成一个独立的管理系统。通常，战略

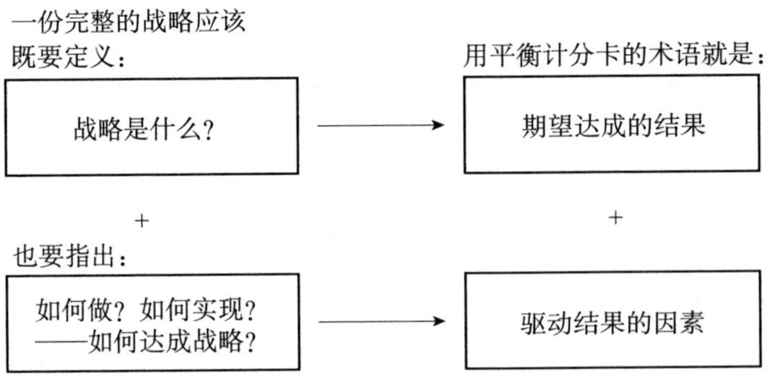

图 10－2　战略的构成

由多个并存且互补的战略主题组成。在制定战略时，全面准确的战略表述需要包括三项基本要素：目标、优势和范围。战略表述示例如表 10－4 所示。

表 10－4　战略表述示例

美国西南航空公司		
目标	战略要达到的最终结果	成为美国最赢利的航空公司。
优势	组织达到目标采用的方法	以公共汽车、火车的价格、频率及可靠性，提供快速的航空服务。
范围	组织想要经营的领域与市场	针对那些注重飞行便利性并对价格敏感的乘客。

5. 战略地图的四个层面

战略地图的主体由四个层面构成，从上到下依次是财务层面、客户层面、内部业务流程层面以及学习与成长层面。前两个层面描述了组织所期望的最终结果，后两个层面则描述了如何实施战略的过程。战略地图四个层面的关系如图 10－3 所示。

（1）财务层面。财务层面以传统财务术语（如投资报酬率、

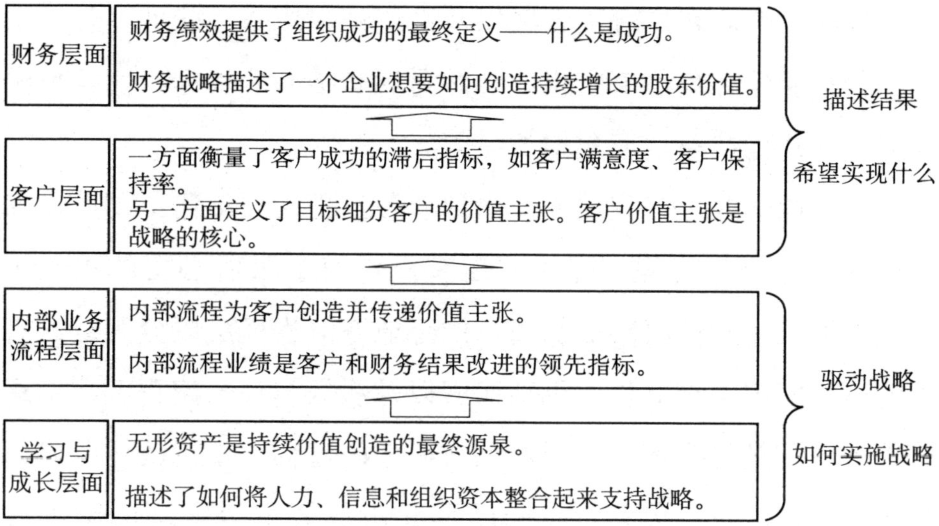

图 10－3　战略地图四个层面的关系

收入增长和单位成本等)，描述了战略的有形成果，提供了组织成功的判断依据。对于企业来说，平衡计分卡财务层面的最终目标是利润最大化，确保股东价值的持续提升。为了达成这一目标，组织可以通过收入增长和生产率提升这两种战略来改善组织的财务绩效。

（2）客户层面。客户层面定义了组织战略所选择的客户价值主张。客户价值主张是一种针对竞争对手的战略模式，是组织经过战略分析，在界定细分市场和目标客户的基础上，为客户提供的一整套有关产品和服务特征、关系和形象等方面的独特组合。差异化的客户价值主张不仅决定了战略所瞄准的市场群体，而且也决定了组织如何使自己相对于竞争对手更具特色。客户价值主张的选择是战略确定的中心要素。卡普兰和诺顿在前人研究的基础上总结出了四种通用的客户价值主张：总成本最低战略、产品领先战略、全面客户解决方案以及系统锁定战略。此外，客户层面还包括衡量客户价值主张成功的滞后和结果性指标，如客户满意度、客户保持率、客户增长率等。

（3）内部业务流程层面。内部业务流程层面阐述了创造价值的少数关键业务流程，即为实现客户价值主张所必需的重点工作。根据创造价值时间的长短，内部业务流程又可以分为运营管理流程、客户管理流程、创新流程以及法规与社会流程四类。运营管理流程是指生产和交付产品或服务的流程，卓越的运营可以为企业带来质量、成本、生产周期和服务效率等方面的巨大改进；客户管理流程是建立并利用客户关系以提高客户价值的流程，它反映了组织选择、获得、保留目标客户并不断扩大客户规模的能力；创新流程是指开发新产品、新服务、新流程和新关系的流程，它是提升客户获得率和增长率、提高客户忠诚度和增加利润的必要条件；法规与社会流程主要是指改善社区和环境的流程，有效的法规与社会流程可以驱动长期股东价值的创造。

（4）学习与成长层面。无形资产是组织持续创造价值的源泉，学习与成长层面描述了组织的无形资产及其在战略中的作用，具体包括人力资本、信息资本和组织资本三个方面。人力资本是指执行战略所需的知识、技能和价值；信息资本指的是支持战略所需的信息系统、数据库、网络和技术基础设施；组织资本体现了执行战略所需的动员和持续变革流程的组织能力。这些资产必须相互协调并与关键内部流程保持战略的一致性。

战略地图的四个层面先后回答了四个问题：财务层面回答的是我们如何满足股东的期望；客户层面回答的是我们如何满足目标客户的需求；内部业务流程层面回答的是我们必须做好哪些重点工作；学习与成长层面回答的是我们必须在哪些无形资产上做好准备。这四个层面以特定战略为核心，从上往下层层牵引，从下往上层层支撑。使命、核心价值观、愿景、战略、四个层面及其构成要素通过逻辑因果关系有效整合起来，形成了战略地图的具体框架，如图 10-4 所示。这个框架就是卡普兰和诺顿的战略地图通用模板，主要适用于以营利为目的的企业组织，而政府、事业单位、军事机关等公共组织的战略地图框架则需根据组织属性及相应的运营实际进行必要的调整。

二、平衡计分卡的要素

狭义的平衡计分卡是一个由财务、客户、内部业务流程、学习与成长等四个层面构成，用以将战略地图的目标转化为可量化的衡量指标和目标值，并制订相应行动方案和预算计划的管理表格。通过制作平衡计分卡，组织建立了用以衡量战略的绩效指标体系，明确了未来所要达到的绩效水平，确定了实施战略所需的行动方案以及相应的资源。需要强调的是，平衡计分卡不是绩效评价量表，平衡计分卡的首要目的在于管理而非评价。

平衡计分卡的表现形式是一张二维的表格，如表 10-5 所示。纵向是财务、客户、内部业务流程、学习与成长这四个层面，横向是目标、指标、目标值、行动方案和预算这四个栏目。

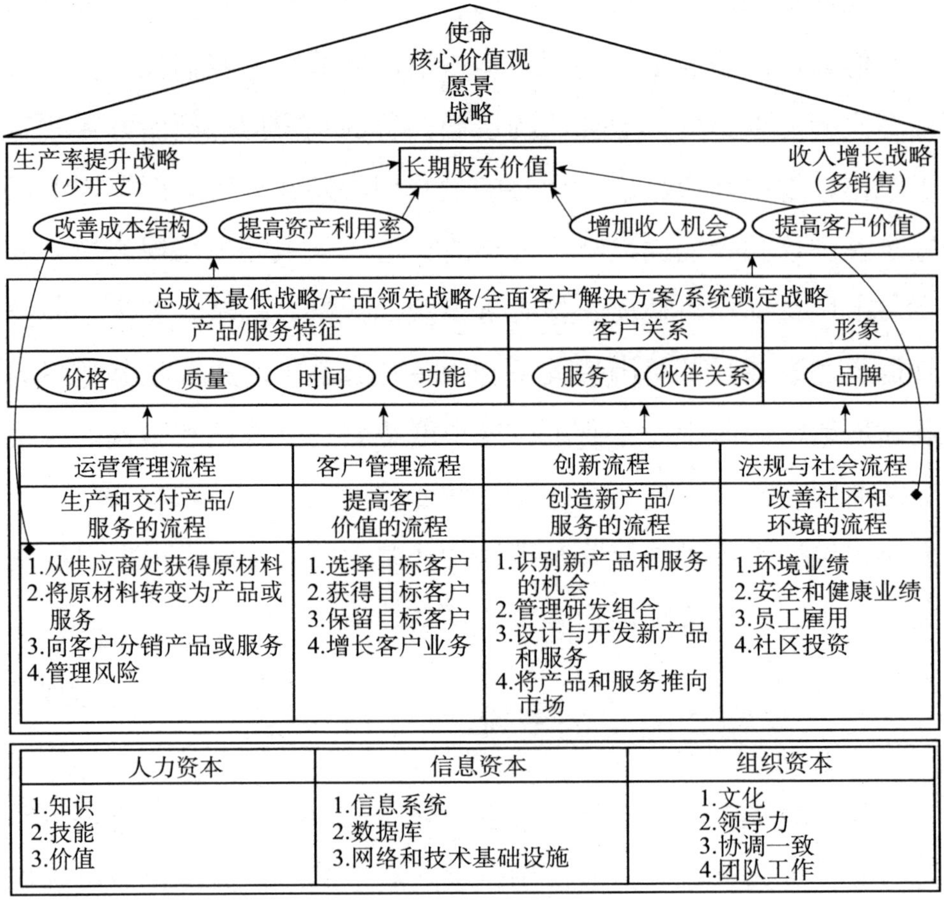

图 10－4　战略地图通用模板

资料来源：改编自卡普兰，诺顿．战略地图：化无形资产为有形成果．广州：广东经济出版社，2005：9。

表 10－5　　平衡计分卡（样表）

层面	目标	指标	目标值	行动方案	预算
财务					
客户					

续表

层面	目标	指标	目标值	行动方案	预算
内部业务流程					
学习与成长					

（1）目标。目标是组织在一定时期的特定绩效领域内所希望取得的理想结果，是战略的重要组成部分。目标指出了有效实施战略所必须做好的事情，是对组织使命、愿景和战略的展开和具体化，在战略所选择的比较宽泛的优先权与用于评价绩效状况的指标之间架起了一座桥梁，它们比战略的内容具体，但比绩效指标抽象。通过战略地图，组织的战略在组织、部门和个人三个层次均被具体化为一整套财务目标、客户目标、内部业务流程目标、学习与成长目标，这些目标围绕战略主题协同起来，形成若干个战略绩效领域，共同支撑组织战略目标的实现。

（2）指标。指标是指衡量目标实现程度的标尺，是对绩效因子或绩效维度进行提炼后形成的评判绩效状况的媒介。平衡计分卡的指标可划分为以下不同类别：第一，财务指标与非财务指标。平衡计分卡在保留财务指标的同时，将非财务指标划分为客户类指标、流程类指标和无形资产类指标，从而形成一个基于目标因果关系链的有机指标体系。第二，客观指标与主观判断指标。将指标分为定性指标和定量指标是管理实践中最为常见的做法。实际上，无论是定性指标还是定量指标，都能转化为数值形式，从而模糊了两者之间的界限。为避免这一现象，平衡计分卡将指标的定性和定量之分改为主观判断指标和客观指标之分。两者的区别在于，客观指标的评价依赖于直接的数据，而主观判断指标的评价建立在对数据和信息的综合分析之上，受制于评价者的知识、经验和主观感受。第三，前置指标与滞后指标。平衡计分卡为了凸显价值创造过程中绩效结果和驱动因素之间的因果关系，将指标划分为前置指标与滞后指标，并力求在两者之间取得平衡。第四，考核指标和监控指标。组织的经营管理所涉及的指标可以说是成百上千，十分复杂。为了从这些名目繁多的指标中找出对战略成败最具影响力的因素，平衡计分卡将绩效指标划分为考核指标和监控指标，或者称为战略指标和诊断指标。平衡计分卡中的指标多是帮助组织取得战略成功的战略性指标，而不是那些监控组织运行的诊断性指标。正是在这一基础上，我们才能将平衡计分卡指标控制在极为有限的数量范围之内。

（3）目标值。目标值是组织所期望的绩效结果，一般用一个带有时间限制的、具有量化特征的表述，将目标和指标转变成在今后一段时期内所期望达成的状态，其作用在于确立既定目标在相应指标上的期望标准。如果说目标描述了实施战略所需做好的事项，指标显示了如何追踪和评价目标的实现程度，那么目标值则说明了这些关乎战略成败的事项应该做到何种程度。通过有时间限制和量化的目标值，我们就可以把笼统的、描述性的目标转变为明确具体的绩效任务。

（4）行动方案。战略行动方案是指有时间限制的、自主决定的项目或计划，旨在确定达成战略目标的途径，从而帮助组织实现目标绩效，应该与组织的日常运营计划和活动区分开来。一般来说，每个非财务目标至少有一个行动方案来支撑。行动方案的制定要兼顾目标、指标、目标值的要求，目标界定向度，指标描述维度，目标值说明力度，行动方案则将具有时间限制的、量化的目标值转化为具体的行动。至此，组织的战略经过目标、指标、目标值和行动方案的步步阐述，已经从一种静态的、笼统的战略思维转变成组织在某一个时间段内必须完成的若干个具体的项目或计划。

（5）预算和责任制。与行动方案密切相关的是预算和责任制，其中预算要解决的问题是为战略行动方案提供资金支持，责任制的目的则是明确战略行动方案管理和执行的责任人及其职责。在确定行动方案之后，组织需要为这些行动方案编制预算。平衡计分卡主张将组织的战略规划过程和预算制定过程结合起来进行，而不是作为两个完全独立的流程。利用平衡计分卡来驱动预算程序，可以使组织明确制定预算的根本目的是什么，确保组织将有限的资金分配给那些最重要的战略行动方案。在为战略行动方案提供资金保证的同时，组织应该建立起有关战略执行的责任机制。平衡计分卡要求组织根据管理层级、职责权限以及执行和管理跨业务与跨职能流程的需要，以战略主题为单元，为相应的战略行动方案选择主题负责人和团队，以执行战略行动方案，并通过一系列管理会议来定期回顾战略行动方案的进程和效果。

由此，组织的战略管理形成了一个包括计划、监测、执行、评价、调整和问责等诸环节在内的封闭循环，为战略的达成提供了清晰的路线和有力的保障。

三、平衡计分卡的特点与功能

作为一种新的战略及绩效管理工具，平衡计分卡具有自身的鲜明特点和功能定位。平衡计分卡的主要特点是：

- 始终以战略为核心。它通过描述战略、衡量战略、管理战略、协同战略以及将战略管理与运营管理有效连接等环节，来确保组织战略的有效落地和组织绩效的显著突破。

- 重视协调一致。它从逻辑上明晰协同思路、从体系上整合协同主体、从机制上保障协同效果，从而形成一套严谨有效的协同机制以保障组织战略的成功执行。

- 强调有效平衡。它非常强调财务指标与非财务指标的平衡、长期目标与短期目标的平衡、外部群体评价指标与内部群体评价指标的平衡、客观指标与主观判断指标的平衡、前置指标与滞后指标的平衡等，以此来确保组织战略的全面实现和组织绩效的整体提升。

整体来看，平衡计分卡的功能随着理论体系本身的不断发展和完善而发生着变化。这种变化表现在它由最初的绩效评价工具转变为战略及绩效管理工具，乃至发展为整个组织的管理平台，其应用领域也由企业组织逐步扩展到政府部门、非营利组织和军事组织当中。

● 战略管理工具。平衡计分卡通过战略地图和狭义的平衡计分卡建立了战略协同的机制，填补了传统战略管理过程中战略规划和战略实施之间的模糊地带；尝试通过战略地图、狭义的平衡计分卡以及仪表盘等工具将战略和运营进行有效连接。

● 绩效管理工具。随着平衡计分卡理论的丰富和发展，绩效管理的计划、监控、评价和反馈环节都纳入平衡计分卡的理论范畴之中，涉及绩效目标的设置和评价指标的选择、绩效沟通和辅导、绩效监测和评估、绩效结果的反馈和应用等诸多内容，平衡计分卡也因此成为一种以战略为核心的绩效管理工具。

● 管理沟通工具。平衡计分卡构建了一套良好的沟通机制，包括领导者的沟通责任、战略沟通的七七原则、员工培训、战略反馈、结构化会议等，从而对沟通的渠道、传播媒介、沟通方式等做出明确界定。

第二节　公共部门平衡计分卡

平衡计分卡作为一种致力于促进组织战略执行的管理理论和绩效管理工具，以其所倡导的以战略为核心、有效平衡、协同一致的管理理念，契合非营利组织及公共部门的特点及需求，近年来受到了越来越多的关注和认可，在全球范围内得到广泛传播和应用。研究表明，2004 年美国约 8%的地方议会、11 个州政府以及 10 个联邦政府机构已采用平衡计分卡[①]；2007 年澳大利亚约 11%的地方政府已推行平衡计分卡，约 44%的地方政府正考虑采用该工具[②]。美国商务部经济发展管理司、美国能源部、英国国防部、奥地利维也纳财政局、新加坡地方法院等公共部门都成功应用了这一先进的绩效管理工具。我国台湾地区的公共部门、香港特别行政区的公共部门、黑龙江省海林市的一些公共部门也都采用了平衡计分卡。现在，已经有越来越多的公共部门开始或者着手采用平衡计分卡。平衡计分卡对于公共部门绩效管理来说，是一个必然的发展趋势。

一、公共部门的使命、核心价值观、愿景和战略

与企业组织相比，公共部门的使命、核心价值观和愿景不仅要体现组织内部管理的特性，还要满足所辖区域内服务对象的需求，因而更具有“组织—社会”的特点。这是因为：一方面，公共部门作为一个组织实体，充分实现内部管理的最优化是公共部门不可回避的关注点，其使命、核心价值观和愿景的设定必须围绕“打造卓越的组织”这一中心任务；另一方面，对于任何一个公共部门而言，其存在的意义就是要为社会提供

---

① HOLMES J S，DE P INERES S A G，KIEL L D. Reforming government agencies internationally：is there a role for the balanced scorecard? . International journal of public administration，2006（29）：1125 - 1145.

② PERERA S，SCHOCH H，SABARATNAM S. Adoption of the balanced scorecard in local government organizations：an exploratory study. Asia-Pacific management accounting journal，2007（1）：53 - 70.

更好的公共服务，确保公共利益最大化，公共部门社会公共服务这一特性同样不容忽视。因此，在许多公共部门的具体实践中，使命、核心价值观和愿景的“组织—社会”特点都体现得十分明显。

1. 公共部门的使命

公共部门的使命相对清晰，归根结底是最大化公众利益。世界银行早在 1997 年的世界发展报告中就指出，“每一个政府的核心使命”包括了五项最基本的责任，即：（1）确定法律基础；（2）保持一个未被破坏的政策环境，包括保持宏观经济的稳定；（3）投资于基本的社会服务和社会基础设施；（4）保护弱势群体；（5）保护环境。确定公共部门使命的难点就在于，公共部门通常需要同时负责多项相对独立的基本职责，难以通过概括性的语言进行整合。因此，这就需要公共部门的高层管理团队和员工一起讨论，共同参与制定，明晰对于本级公共部门而言最为根本的存在理由和所做出的最终贡献。正如《摒弃官僚制：政府再造的五项战略》一书所言：“充分讨论组织根本方向的过程——争辩各种不同的假设和组织成员所持的各种不同观点，达成一个共同的使命，这是一个有效的过程。如果这件事情做得好，使命陈述可以贯穿组织的始终。”表 10－6 列举了一些公共部门的使命。

表 10－6　　公共部门使命示例

中国疾病预防控制中心	通过对疾病、残疾和伤害的预防控制，创造健康环境，维护社会稳定，保障国家安全，促进人民健康。
中国石化	为美好生活加油。

续表

美国土地管理局	为美国现在与将来持续享用健康、丰富多彩和多产的土地资源服务。
美国夏洛特市政府	了解城市的需要并为市民提供高水平的服务。

2. 公共部门的核心价值观

公共部门核心价值观的提炼必须从高层管理者开始，但却不能止步于此。许多公共部门的高层管理者将核心价值观理解为一个静心思考后形成的信条，或者灵光一闪所产生的顿悟式的押韵口号，事实远非如此。虽然我们认为核心价值观大多来源于创始人或高层领导的个人信仰，但是除非它引起员工的共鸣，否则难以推行。因此，高层管理者应该积极主动地将员工纳入组织核心价值观的形成过程中，让每一位员工都有机会发表自己的意见，大家共同思考、发现、讨论、检验和提炼组织的核心价值观。当组织的核心价值观与员工个人的信仰融为一体时，好处是显而易见的，包括：（1）培养强烈的个人效能感；（2）培养身为组织一员的自豪感；（3）提高对组织的忠诚感；（4）促进对工作期望的理解；（5）培养协作和团队精神等。表 10－7 列举了一些公共部门的核心价值观。

表 10－7　　公共部门核心价值观示例

黑龙江省海林市	学习创新、艰苦创业、团结务实、民主廉政
中国联通	客户为本、团队共进、开放创新、追求卓越
中国石化	人本、责任、诚信、精细、创新、共赢
美国 凤凰城市政府	我们致力于服务我们的市民；我们学习、变革和提高；我们注重团队工作；我们以结果为导向；我们尊重多样性；我们尽我们所能工作；我们用正直之心工作；我们要使凤凰城变得更美好。

3. 公共部门的愿景

与使命和核心价值观的形成过程一样，公共部门的愿景描述需要高层管理者和全体成员一起讨论并反复沟通才能完成。这一过程要求参加讨论的成员明确表达未来一段时间所期望达到的目标。彼得·圣吉（Peter Senge）指出，如果人们没有愿景，他们所做的一切就是签字画押，其结果就是顺从，从没有承诺。当组织成员将自己内心的愿景表达出来后，通常会发现有许多共同的个人愿景。这些共同愿景与组织的使命和未来发展趋势结合起来之后，就形成了组织未来一段时间的理想蓝图。

4. 公共部门的战略

公共部门的战略是指政府组织为达成使命和愿景所选择的一种显著优先权，是在可以预见的较长时期内需集中精力完成的关键任务。卡普兰曾指出："对于公共部门而言，战略可能是一个不相关的观念，这些机构缺乏长远考虑。它们试图为每个人做任何事情，结果什么事情也没有做。"这直接指出了明晰战略对于公共部门而言的重要性。只有通过战略，才能够明确政府组织期望达成的结果和确定整体的实施途径。保罗·尼文（Paul Niven）提出了一种制定战略的简单方法，这种方法分为以下五个步骤：

（1）开始。第一步需要评估准备工作、编制战略制定计划、讨论国家政策和上级指令，并从历史的角度审视组织，包括组织所提供的产品和服务、具有里程碑意义的事件等。

（2）实施利益相关者分析。要辨认所有关键利益相关者及其对机构的需求。为了取得成功，考虑组织对利益相关者的需求同样重要。

（3）开展 SWOT 分析。优势与劣势通常是组织的内部因素，机会与威胁则体现组织的外部环境。在规划战略时，审视 SWOT 各个因素之间的相互影响至关重要。

（4）确认战略主题。战略主题一般与影响组织使命、核心价值观和愿景的基本政策问题或重要挑战密切相关。利用前面步骤获取的信息，可以顺利提炼出组织的战略主题。

（5）制定行动方案。通过战略主题分析，形成战略问题清单之后，针对这些问题寻找解决方案。对这些解决方案进行整合并描述，就能够明确组织整体发展的优先方向。

在明确使命、核心价值观、愿景和战略之后，公共部门应当根据组织的特性选择相应的战略地图模板，并在此基础上设计组织平衡计分卡、部门平衡计分卡和个人平衡计分卡。

二、公共部门的战略地图模式

卡普兰和诺顿指出："衡量政府机构和非营利性组织的经营是否成功，应该视其能否有效地满足纳税人和利益相关者的要求，它们必须为客户或利益相关者定义一个具体的目标。财务因素可以发挥促进或约束的作用，但是很少成为主要的目标。"尼文同样认为，当平衡计分卡基本模式被应用于公共组织时，战略制定和财务、客户、内部业务流程、学习与成长等层面具体内容的确定就要围绕公共组织的特点进行，充分体现公共组织的非营利性。具体而言，公共部门的最终目标是为公众提供服务，而企业存在和发展的最大动力是获取利润。因此，公共部门战略地图四个层面的设置应该与企业组织有所区别，并且需要充分反映出公共部门的管理特点和战略逻辑。

平衡计分卡中国化模式的研究和实践探索始于中组部于2006年启动的中澳政府合作项目“中国领导人才绩效评估体系研究”。黑龙江省海林市是该项目的唯一政府组织试点单位，为此该市建立了一套完整的基于平衡计分卡的政府绩效管理体系，取得了宝贵的经验和良好的试点效果。平衡计分卡业已成为推动海林市经济社会实现跨越式发展的有力工具。在适用于公共部门的平衡计分卡总体模式中，使命、核心价值观、愿景和战略仍然处于顶层，它们是牵引整个战略诠释过程的指针；该模式的主体框架包括“利益相关者”“实现路径”“保障措施”三个层面（如图10－5所示）。

利益相关者层面由平衡计分卡通用框架的财务层面与客户层面改造而成，作为地方政府平衡计分卡总体模式中的绩效结果层面。实现路径层面由原内部业务流程层面改造而成。之所以命名为实现路径层面，一是由于这一层面所描述的是驱动结果层面目标得以实现的因素，二是“内部业务流程”一词多为企业用语，与公共部门的沟通风格有悖。保障措施层面处于最底层，与原来的学习与成长层面相对应。由于原有的人力资本、信息资本和组织资本不能完整描述公共部门的无形资产内容，为了强化无形资产的周延性，在保障措施层面设置了“政府自身建设”和“党的

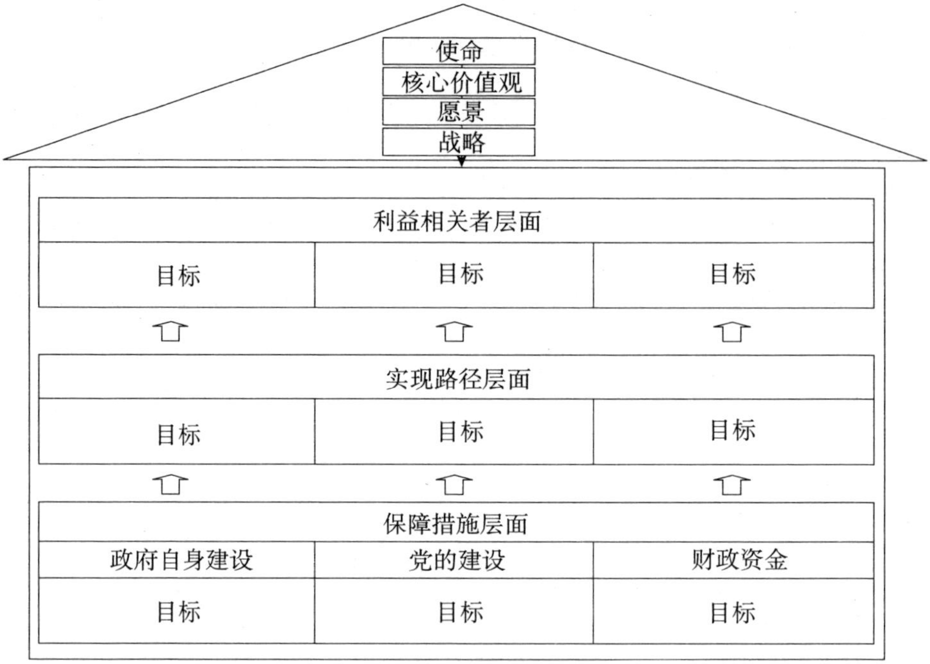

图 10－5　地方政府平衡计分卡总体模式

建设”两个战略主题，同时，还辅以“财政资金”这一有形资产方面的战略主题，从而为实现路径层面提供了无形资产和有形资产双重保障。

第三节　公共部门平衡计分卡体系的设计思路

公共部门平衡计分卡体系设计主要有四个步骤：第一步，通过绘制战略地图来描述战略，将组织战略转化为四个层面的具体绩效目标；第二步，通过平衡计分卡，根据目标依次导出具体的衡量指标、目标值和行动方案，使战略目标能够被有效地衡量；第三步，通过分级开发战略地图与平衡计分卡，将战略目标落实到部门和个人，从而形成上下联动、左右贯通的平衡计分卡体系；第四步，通过建立绩效评价量表，来实现对绩效的衡量与监控。下面，将结合政府组织的基本特点，对上述各步骤逐一进行详细介绍。

一、绘制战略地图

卡普兰和诺顿曾指出，“战略如果不能描述，就不能衡量；如果不能衡量，就不能管理”。因此，利用战略地图来描述战略是构建公共部门平衡计分卡体系的首要环节。具体而言，主要包括以下几个步骤：

第一步，明确使命、核心价值观和愿景。由于公共部门与企业组织的差异，公共部门在确定使命、核心价值观和愿景时要特别注意：一方面，公共部门作为一个独立组织实体，追求组织管理的最优化是其不可推卸的责任；另一方面，公共部门还应当保持经济、政治、文化、社会和生态发展之间的有效平衡。因此，公共部门在确定使命、核心价值观和愿景时，需要兼顾组织管理和社会发展等多方面的需求。

第二步，确定战略和战略主题。组织在明确了使命、核心价值观和愿景之后，接下来就是要据此来确定相应的战略和战略主题。在确定战略主题时，需要坚持两个基本原则：第一，战略主题应基于公共部门的工作职责，要尽量涉及与组织职责有关的关键绩效领域，既不能溢出也不能缺失；第二，战略主题应该能够有效界定公共部门一定时期的战略重点。尽管公共部门所涉及的工作领域非常广泛，但是在一定时期内必须将有限的资源集中在最为重要的工作上。战略主题应该有所侧重，要体现出组织在一段时期内最为关注的重要工作内容。因此，战略主题的数量不宜过多，否则会导致组织战略的稀释或模糊。

第三步，分层制定目标。在分层制定目标时，需要重点关注以下几个事项：首先，每个层面的战略目标应该根据战略地图四个层面间的因果逻辑关系从上往下分层制定，以确保战略目标能够从下至上层层支撑；其次，战略目标表述应该清晰、明确，能够切实体现组织的重要工作；最后，由于战略地图是描述战略的工具，因此体现在战略地图上的目标应该是组织工作的重点，一般而言，战略目标的总数控制在10～20个区间比较合适。

二、制作平衡计分卡

战略地图将战略转化为具体目标，而平衡计分卡的主要作用是根据目标导出指标、目标值和行动方案。具体而言，平衡计分卡的设计可以分为以下几个步骤：

第一步，设计指标。在构建公共部门平衡计分卡时，指标的设计是一个难点所在。一方面，由于公共部门的公共性，其很多工作及产出往往难以用客观指标予以表示；另一方面，很多公共部门的绩效管理基础相对比较薄弱，对一些具体工作的衡量办法研究不足。这两方面因素共同导致了政府组织在设计指标时困难重重。基于已有的理论研究和具体的管理实践，我们认为公共部门在设计绩效指标时可以借鉴以下几点经验：第一，由于指标是对绩效目标的具体衡量，因而在设计指标时，应该在对目标进行充分分析的基础上，根据目标的具体内涵和主要特征进行设计；第二，为了确保目标能够得以充分衡量，有时一个目标可能需要导出多个绩效指标，因此指标数量往往多于目标数量，总指标数大概是总目标数的 1.5 倍；第三，在设计指标时，邀请有关领导、专家、绩效评价主体以及被评价者等共同参与，有利于集思广益，确保指标设计的科学性和合理性。

第二步，设定目标值。目标值是为绩效指标设定的数量化衡量标度。为了使其对员工具有激励作用，目标值的设定必须合理。如果目标值过高，员工会对工作望而却步而不付出努力；如果目标值偏低，员工则会因为工作没有挑战性而失去追求高绩效的动力。目标值的设定主要可以分为两个步骤：一是将整体的价值差距分解到每个战略主题；二是在每个战略主题内，根据战略地图的因果关系分别设置目标值。在设置目标值时，有多种参考标杆：既可以依据上一个绩效周期的目标实现情况及发展趋势；也可以借鉴地区或行业在该指标上的平均值；还可以基于对利益相关者需求的充分调查等。

第三步，确定行动方案和预算。行动方案是平衡计分卡的一大特色，它使组织不仅关注如何对绩效进行衡量，还帮助管理者和员工明确绩效目标该如何达成。制定行动方案的过程，就是组织中相关人员深入思考和探讨如何完成绩效目标的过程。预算的编制则可以确保组织有限的资源能够有效地投入对组织战略实现最为重要的关键领域。要决定每个战略主题行动方案的资金投入数量，就需要有一个自上而下的流程来确定资金配置的等级，同时还需要一个自下而上的流程来选择应给予资金支持的行动方案。因此，行动方案和预算的确定需要经过相关责任人和主管领导共同协商制定，以使其能够与绩效指标及目标值合理匹配，确保组织战略目标的顺利实现。

三、分级开发平衡计分卡

组织层面的战略地图与平衡计分卡设计完成后，还需要将其逐级分解，依次建立部门及个人层面的战略地图与平衡计分卡，使得战略目标能够层层落实。分级开发平衡计分卡的思路主要是基于目标的承接或分解，而承接或分解的方式既可以根据组织架构，也可以基于业务流程。在这一过程中，协同的理念要贯彻始终。成功的组织不仅需要强有力的领导，而且需要在战略、组织、员工和管理系统之间形成良好的协同。通过战略目标在纵向上将组织、部门、团队和个人协调与整合起来，在横向上将组织中的业务单元和支持单元协调与整合起来，以达到整合组织创造协同效应的目的。

四、建立绩效评价量表

利用战略地图与平衡计分卡，组织能够确定不同层级、不同单元的绩效目标、指标和目标值。为了确保这些绩效目标及指标在实际的管理实践中能够被有效地衡量，组织还应该建立相应的绩效评价量表。绩效评价量表的作用之一就是确定各个绩效指标的权重、评价主体、评价周期及评价方法等一系列决策。权重是用于确定“指标的重要程度”的问题，因此权重的设置既要能够体现出指标重要性的区别，又不能使权重间的差距过大，导致被评价者“抓大放小”。评价主体是用于确定“谁来评价”的问题。对于政府组织而言，绩效评价的主体既可以是上级主管部门，也可以是组织内部的工作人员或外部的群众及企事业单位等，组织应该根据具体的评价内容选择合理的评价主体。评价周期是用于解决“多长时间评价一次”的问题。对于不同的指标，评价周期不能一概而论，应根据具体情况加以区别。评价方法是用于解决“如何评价”的问题。政府组织通常采用的评价方法主要是根据绩效指标的内容收集绩效信息，从而对指标的实现程度予以判断；这些绩效信息既包括客观的定量数据，也涉及主观的定性测评，组织应该将定性评价和定量评价有机地结合起来。

通过以上各步骤，公共部门的平衡计分卡体系就得以建立起来。最后，组织还应建立相应的绩效管理制度和办法，对绩效管理的负责机构、绩效管理的流程、绩效管理结果的应用与反馈等方面进行详细规定，以确保所构建的公共部门平衡计分卡能够切实落到实处，真正发挥作用。

第四篇

公共部门绩效管理实践

第十一章　公共部门绩效管理的历史演进

第一节　国外公共部门绩效管理发展历程

绩效管理在公共部门的广泛运用是西方发达国家行政体制改革以及公共管理理论研究不断推动的结果。纵观以效率政府、顾客至上、追求公共责任等为核心的改革实践，公共部门绩效管理经历了一个不断发展和进步的演变历程。依据各个时期侧重点的不同，可以将公共部门绩效管理的发展历程分为三个阶段：

一、萌芽和探索阶段（20世纪初至70年代）

公共部门绩效管理萌芽始于20世纪初美国纽约市政研究院的绩效评价实践，距今已有一百多年的历史。19世纪末的美国由于城市公共部门腐化无能的事件陆续被媒体曝光，导致公众对政府信任度逐渐下降，同时要求通过财政预算控制地方政府绩效的呼声日益高涨。1906年，布鲁尔（Bruere）等人发起成立了纽约市政研究院，并于 1907 年率先开始了对纽约市政府的绩效评价实践，开创了公共部门绩效评价的先河。受科学管理及传统公共行政模式的影响，效率成为这一时期公共部门绩效评价的核心价值取向。进入 20 世纪 30 年代，赫伯特·A. 西蒙（Herbert A. Simon）与其导师克拉伦斯·E. 里德利（Clarence E. Ridiey）进行了关于市政绩效评价的深入研究，并出版了《市政工作衡量：行政管理评估标准的调查》一书，提出了评估的需求、结果、成本、努力、业绩等五个方面的内容，为政府绩效评价注入了新的活力。但是，萌芽时期的公共部门绩效管理发展比较缓慢，其价值在于在传统行政模式的背景下提出了一种评价政府的理念，出现了一些专门研究政府绩效的组织和学术团体，为后来政府绩效评价的发展奠定了坚实有力的基础。美国行政学家吉特·波科特（Geert Bouckaert）在《公共生产力的历史演变》中将 1900—1940 年这一时期称为“效率政府”时期，其以好政府为目标。

20 世纪 40 年代至 70 年代，“效率至上”的价值观念得到进一步的延续和强化，理论界与政府部门对绩效评价与绩效预算的关注度进一步提升。在此期间，美国联邦政府进行了几次大规模的行政改革，包括 1947—1955 年两届胡佛委员会提出的绩效预算、成本和财政管理改革方案以及约翰逊总统时期的“计划—执行—预算”制度（PPBS）等。这几次改革的共同特点是“政府的行政机构，特别是预算署，开始制订工作绩效评价办法和工作绩效标准”[①]，期望通过预算手段控制政府支出，以最小的财政支出实现预期的行政目标。因此，这一阶段通常也被称为“预算时期”，以控制开支为目标。20 世纪 60 年代，英国也开始对土地局、税务局和就业部等公共部门发布各部门的生产率指数并制定各种绩效指标，实施生产率测定和衡量。

二、全面发展阶段（20 世纪 70 年代至 80 年代末）

尽管经历的时间不长，但该阶段却是公共部门绩效管理最具里程碑意义的发展阶段。进入 20 世纪 70 年代，企业管理的先进经验和经济学市场竞争机制的理念引入公共部门，西方各国掀起了强调顾客导向和结果导向的“新公共管理”改革热潮，公共部门绩效管理史无前例地成为西方各国政府改革的核心内容并发挥了不可替代的重要作用。这一阶段称为管理阶段，以效率和效益为目标。公共部门绩效评价的价值取向也由单纯追求效率发展为对经济、效率、效益和公平（economic，efficiency，effectiveness，equity，4E）的追求，从过分关注过程和规则转为对行政结果和输出的关注。

1973 年，美国尼克松政府出台了“联邦政府生产率测定方案”，试图将公共部门绩效管理系统化、规范化和制度化。在这个方案的指导下，相关部门制定了 3 000 多个绩效评价指标，由劳工统计局负责收集绩效信息和统计工作。同时，各联邦行政机

① 亨利．公共行政与公共事务．北京：中国人民大学出版社，2002：209.

构也积极增设项目评价部门，注重对政府绩效结果的评价。但在70年代末至80年代，美国的公共部门绩效管理由于经济滞胀等原因发展缓慢。这一阶段称为私有化阶段，以精简政府为目标。由于联邦政府过度膨胀，税负沉重，里根政府主要是通过由私营企业提供特定政府服务的方式来提高生产率。里根政府任命彼得·格瑞斯（Peter Grace）领导著名的格瑞斯委员会，对私营部门的成本控制进行调查，从而吸取经验以减少政府内部的浪费。这一时期联邦政府的规章条例增长率降低了25%以上，政府规定的文牍工作时间每年减少3亿小时以上。这一时期的英国由于保守党上台执政而进行了大规模的、较为彻底的公共部门私有化改革。1979年，撒切尔夫人执政后大力主张运用企业的管理技术和方法对传统行政体制进行革命性的改革，开启了英国的“新公共管理运动”，其强调私有化、分权化、竞争机制和服务质量的改革理念。在“效率战略”的指导下，撒切尔政府相继推行了“雷纳评审”、“部长管理信息系统”（Management Information System for Minister）、“财务管理新方案”（Financial Management Initiative，FMI），以及在英国公共服务改革中具有重要转折意义的“下一步行动”（The Next Steps）方案，这些方案构成了英国整个20世纪80年代改革的总体框架，同时也极大地推动了绩效管理在政府部门的广泛应用。

三、持续深化阶段（20世纪90年代至今）

进入20世纪90年代，公共部门绩效管理在西方各国达到鼎盛时期。随着各国社会经济的不断发展、公民民主意识的日益增强以及政府改革的逐步深化，公共部门绩效评价不仅关注经济、效率、效益和公平，而且开始进入法制化、规范化轨道，不断探索科学有效的公共部门绩效管理体系。英国 1983 年即颁布了《国家审计法》，首次从法律的角度规范了政府绩效审计。1997 年，英国颁布了《地方政府法》，规定地方政府必须实行最佳绩效评价制度，各部门每年都要开展绩效评价工作并需要配备专门的机构、人员和遵循固定的程序。美国国会于 1993 年通过了《政府绩效与结果法案》，它是美国历史上首部关于政府绩效改革的立法，在美国政府绩效管理发展史上具有里程碑意义。2001 年，小布什政府颁布了《总统管理议程》，力图建立一个治理型的政府。2009 年，奥巴马政府则新设立了“首席绩效官”（chief performance officer，CPO）的职务，以减少政府浪费，促进政府绩效提升，确保政府以更有效的方式运行。除了从立法层面加以规范以外，很多国家还制定了相应的计划、框架及指南等，确保政府绩效管理活动的有效开展。如英国政府相继发表的《公民宪章》、《政府现代化》白皮书、《绩效审计指南》，澳大利亚的《财务管理改进计划》《项目管理及预算》，荷兰的《市政管理法》以及新西兰的《国家部门法》等相关法律，都有力地支撑了各国政府绩效管理的顺利实施。同时，各国也成立了专门的执行机构以保证政府绩效管理的组织与实施，如美国的国家绩效评审委员会（NPR）及管理与预算办公室、英国的执行局、荷兰的特别行政管理局、丹麦的契约局等都是政府绩效评价的主要组织和管理机构。

为了提高公共部门绩效管理的科学化水平，这一阶段的公共部门绩效管理开始注重绩效管理工具的使用，积极探索科学有效的公共部门绩效评价指标体系。1996 年，美国夏洛特市首开政府组织平衡计分卡应用的先河，通过运用平衡计分卡来加强政府的绩效管理，确保政府战略得以有效执行。2007 年，全球公共管理学权威戴维·罗森布鲁姆（David Rosenbloom）教授在行政学科的权威期刊《公共行政评论》发表论文，介绍了平衡计分卡在公共管理领域的应用，并指出平衡计分卡不仅可以作为微观的战略及绩效管理工具，还可以与宏观的治国要旨相结合，促进政府的全面发展。2000 年，由欧盟成员国专家组成的公共服务创新小组在欧洲质量管理委员会“卓越模型”的基础上推出了通用绩效评价框架（common assessment framework，CAF），包括领导力、战略与规划、人力资源管理、伙伴关系与资源、流程与变革管理等五项促进要素以及员工结果、顾客（公民）结果、社会结果、关键绩效结果等四项结果要素，旨在通过组织的自我评价和诊断，不断提高公共部门自身的管理水平和管理质量。该框架得到了欧盟各成员国以及候选国的普遍认可。

第二节　我国公共部门绩效管理发展历程

为建立“办事高效、运转协调、行为规范的行政管理体系”，我国正持续推进行政管理体制改革，在变革观念、转变职能、调整组织结构的同时，也通过借鉴和引进国际主流的新机制、新技术和新工具来提高政府的效率和效能。作为人力资源管理方面的一项重要职能，绩效管理由于在帮助公共部门提高行政效率、改善服务质量和促进工作落实等方面具有显著功效，自 20 世纪 80 年代起逐渐走上中国公共部门管理的舞台。在各级政府的持续努力和社会各界的共同关注下，我国的公共部门绩效管理无论是在理论研究上还是在实际应用中，都取得了较为丰硕的成果，在公共部门管理中发挥着日益重要的作用。纵观 30 多年来的探索与实践历程，我国公共部门绩效管理走过了一条持续地自我发展和自我完善之路，逐渐摸索并创立了一系列特色鲜明、行之有效的绩效管理模式。

一、以行政效率为核心的公共部门绩效管理实践

一直以来，尤其是改革开放以后，我国各级政府对政府行政效率和治理水平都给予了高度关注。1980 年，邓小平在题为《党和国家领导制度的改革》等一系列讲话中指出了官僚主义所留下的机构臃肿、办事拖拉、不讲效率等弊病，强调通过开展机构改革和行政管理体制改革解决活力、效率、积极性等问题。为此，我国于 1982 年进行了改革开放以后的第一次政府机构改革，试图通过大幅度精简政府机构和人员编制来提高政府部门的工作效率。此时，政府绩效管理刚刚起步，受当时社会背景和宏观政策的影响，主要以提高行政效率为导向。

为了配合机构改革并巩固改革成果，劳动人事部于 1982 年下发了《关于建立国家行政机关工作人员岗位责任制的通知》；1984 年，中共中央组织部与劳动人事部联合下发了《关于逐步推行机关工作岗位责任制的通知》。这两个通知的出台与贯彻实施，促使岗位责任制在政府机关中逐步建立。随后，在“目标管理”思想的影响下，我国政府部门的岗位责任制逐渐发展为目标责任制，并迅速在全国范围内推广开来。1988 年，中国城市目标管理研究会成立，当时共有 13 个大中城市参加。据不完全统计，截至 1998 年，全国已有 23 个省的省级机关推行目标管理，90％以上的地市级机关推行目标责任制，100 多个城市采用城市目标管理。

除了目标责任制，效能监察是这一时期另一种具有代表性的绩效管理方式。1989 年 12 月举行的第二次全国监察工作会议明确提出：行政监察机关的基本职能“既包括效能监察，又包括廉政监察”。效能监察是我国首次通过外部主体对政府内部管理效能进行监督检查的方式，从效能监察入手，目的在于把监督的关口前移，加强事前、事中监督，做到防范在先，使纪检监察工作紧贴改革和经济建设中心，更好地为经济建设服务。到 1999 年，全国已有 23 个省（自治区、直辖市）不同程度地开展了效能监察工作。

以提高行政效率为导向的公共部门绩效管理模式，促使公共部门关注自身的管理方式和行政效率，对于公共部门更新观念、转变职能等具有深远的意义。但是，这种绩效管理方式实际上是一种组织内部的管理模式，忽视了政府行为的结果和社会影响，难以兼顾政府的“公共性”这一根本属性。

二、以服务质量为核心的公共部门绩效管理实践

20 世纪 90 年代是我国行政管理体制改革的深入阶段，各级政府在不断提高行政效率的同时，也开始注重服务质量的提升。这一时期，许多政府组织和部门的管理者逐步形成绩效管理的意识，将绩效管理作为提高内部管理水平、改善外部服务质量的重要手段。同时，受西方管理理念的影响，我国公共部门绩效管理的关注点也逐渐从内部转向外部、从效率转向结果，并将服务质量作为衡量自身绩效的重要内容。

我国一些地方政府组织和部门于 20 世纪 90 年代初期开始了对社会服务承诺制的探索。1994 年 6 月，山东省烟台市政府借鉴香港公共服务承诺制的经验，率先在烟台市建委系统试行社会服务承诺制。1996 年 7 月，基于烟台市社会服务承诺制试行的成功经验，中宣部和国务院纠风办决定，把宣传和推广社会服务承诺制作为加强行业作风和职业道德建设、推进社会主义精神文明建设的一项重要举措。随后，建设部、电力部等八个部委相继实行了社会服务承诺制。随着社会服务承诺制在全国范围普遍推开，我国的公共部门绩效管理水平又迈上了一个新台阶。

20 世纪 90 年代末期，伴随着公民参与观念的日益成熟，我国政府更加重视服务意识与服务质量，“公民评议政府”作为一种新的政府绩效管理形式广泛应用于我国各级政府组织。1998

年沈阳市的“市民评议政府”，1999 年珠海市的“万人评议政府”，2000 年邯郸市的“市民评议政府及政府部门问卷调查活动”、广州市的“市民评政府形象”，2001 年南京市的“万人评议政府”、辽源市的“万名市民评议政府活动”、杭州市的“满意不满意评选活动”，2003 年北京市的“市民评议政府”、锦州市的“市民评议政府机关”和“评选人民满意的公务员”，等等，都是“公民评议政府”的生动实践。

90 年代的以服务质量为导向的公共部门绩效管理模式，不仅有助于政府改善与公民的关系、树立良好的形象，还能增加政府行为的透明度，强化行政监督，并且，对于政府提高工作绩效、确立责任意识以及改善服务质量等都具有重要意义。但是，这种方式也存在着评价内容片面、评价主体单一、定量评价缺失等问题，需要不断改进和完善。

三、以科学方法为核心的公共部门绩效管理实践

进入 21 世纪，我国政府的施政理念出现了新的变化，科学发展观、正确政绩观等全新理念成为政府绩效管理研究和实践的指导思想，“构建科学的政府绩效评价体系”成为新时期公共部门绩效管理的迫切要求。这一时期公共部门绩效管理的最大特征是理论研究与实际应用相结合，一些先进的绩效管理理念、工具和方法的引进使我国公共部门的绩效管理工作逐渐进入科学化、规范化的轨道。

这一时期，我国一些学者开始借鉴国外先进的模式和方法，

探索适用于中国政府的通用绩效评价指标体系。例如，国家行政学院以欧盟成员国使用的通用绩效评价模型为基础，结合我国国情，创造性地构建了中国特色的通用绩效评价框架；国家人事部“中国政府绩效评价研究”课题组在总结了国内外指标体系的设计思想和方法技术的基础上，经过深入的调查和广泛的论证，提出了一套由 3 个一级指标、11 个二级指标及 33 个三级指标构成的“地方政府绩效评价指标体系”。对通用绩效评价指标体系的探索表明我国政府绩效评价体系正逐步走向成熟。

此外，随着国外先进绩效管理理念的引入，平衡计分卡、全面质量管理、关键绩效指标等绩效管理工具不断为我国公共部门的绩效管理注入新鲜血液，使我国公共部门绩效管理研究呈现出百花齐放的局面。值得一提的是，从 2006 年年初开始，由中共中央组织部领导干部考试与测评中心牵头，以黑龙江省海林市、广西壮族自治区贵港市平南县平山镇、四川省乐山市五通桥区等地区为试点，开始了平衡计分卡在中国政府绩效管理中的本土化实践与探索。

四、第三方评价

为了增强绩效管理的客观性和公正性，一些地方政府尝试采用第三方评价政府绩效的形式。2004 年，甘肃省将全省 14 个市、州级政府及省政府 39 个职能部门的绩效评价工作，委托给兰州大学中国地方政府绩效评价中心组织实施；2006 年 4 月，武汉市政府宣布邀请全球最大的管理咨询机构麦肯锡公司为第三方机构，对政府绩效进行评价；2006 年 11 月，厦门市思明区政府引入专业的第三方机构——福建博智市场研究公司，进行群众满意度评价。2015 年 5 月，民政部发布了《民政部关于探索建立社会组织第三方评估机制的指导意见》，明确了建立社会组织第三方评估的总体思路、基本原则、政策措施和组织领导，对加快转变政府职能，激发社会组织活力产生了重大影响。第三方作为一种新的评价主体逐步走入了人们的视野，利用其客观地位和独特视角参与政府绩效管理，对丰富和完善我国政府绩效管理实践具有积极意义。

随着新时期各级政府对绩效管理的高度重视和迫切需要，以及理论研究的不断深入，我国公共部门绩效管理水平进入了一个新的阶段，在评价模式、实施机制、关注重点和覆盖范围等诸多方面较以往都取得了重大进步，形成了各具特色的绩效管理模式。尽管这些模式与方法还存在不少问题，但它们在很大程度上为我国公共部门今后的绩效管理工作的科学化和规范化奠定了更为坚实的基础。

第三节　我国公共部门绩效管理的新趋势

公共部门具有公共性、公益性等基本特征，注重通过提供公共服务创造公共价值，服务于国家社会发展和满足公众需要。为了提高公共部门的服务效能，必须关注公共部门服务流程优化，大力推进体制机制创新。党的十八届三中全会审议通过的《中共中央关于全面深化改革若干重大问题的决定》强调，“严格绩效管理，突出责任落实，确保权责一致”。党的十九大报告指出：必须坚持和完善中国特色社会主义制度，不断推进国家治理体系和治理能力现代化。公共部门绩效管理是创新政府绩效管理方式的重要举措，也是推进国家治理体系和治理能力现代化的重要抓手。

当前，中国特色社会主义进入了新时代。全面深化改革取得重大突破，中国特色社会主义制度更加完善，但国家治理体系和治理能力现代化水平仍有待提高。在如此复杂多变的新时代、新形势下，公共部门绩效管理该走向何方？根据对传统的绩效衡量模式，包括表现性评价、目标管理、关键绩效指标等绩效管理工具的历史贡献和局限性分析，我们似乎能够发现一些端倪。同时，“大数据”“互联网+”“区块链”“数字政府建设”等热词也为我们预测管理的未来图景提供了指引。结合绩效管理的过去和管理的未来，可以预见公共部门绩效管理存在以下发展趋势。

一、绩效管理发展的总体趋势是战略性绩效管理

德鲁克指出，在21世纪的管理领域，战略是新的必然趋势。组织需要通过战略将自己有关组织业务、发展目标、客户需求和价值的经营假设转变为现实绩效。他认为，如果没有战略，“机会”也就不能称为机会，我们也就无法知道什么真正推动了组织

实现预期的成效、什么占用了资源、什么分散了资源。所谓战略性绩效管理，并不是狭隘地关注绩效的评价和测量，而是强调在由组织的使命、核心价值观、愿景和战略所构成的顶层设计的指引下，对组织的绩效进行系统的计划、监控、评价和改进的循环过程。在一个千变万化的不确定环境中，这就需要组织通过绩效管理手段来对组织的顶层设计进行诠释，将其转化为具体的组织绩效目标、部门绩效目标、团队绩效目标和个人绩效目标，以及各种财务指标与非财务指标，并通过对不同主体的决策和行为进行有效的计划、监控、评价和反馈，切实保障组织的发展战略落到实处。公共部门关注公共价值，其绩效管理不仅需要坚持公众导向、服务公众需求，也需要聚焦组织战略，通过对组织战略的有效分析、制定与落实，推进绩效目标的顺利达成。

二、平衡计分卡在公共部门中逐步得到广泛应用

卡普兰和诺顿所创建的平衡计分卡之所以在问世后被业界人士广为推崇，原因可能在于理论本身，也可能在理论之外。就理论本身而言，相对目标管理、标杆管理、关键绩效指标以及其他理论或工具而言，平衡计分卡在理论的广度、深度以及包容性上具有比较明显的优势。它从战略的开发、诠释、衡量、协同到战略与运营的衔接，从战略的执行、监控、学习到战略的检验与调整，对战略性绩效（来自客户的价值和来自企业的价值之和）的创造过程进行了全面深入的阐述。该理论体系包罗万象，而且开放性强，能够与任何组织管理理论进行对话，可以说是百年管理

思想的集大成者。而且，卡普兰和诺顿本人也指出，平衡计分卡运用于非营利组织可能效果更好。更为重要的是，平衡计分卡紧紧把握住了时代发展的脉搏，把无形资产的重要性提升到决定组织未来命运的战略高度，完全契合知识经济和信息社会的特点。从理论之外的角度来说，平衡计分卡在各国各种类型组织中的应用也从实践角度不断充实完善了平衡计分卡体系，应用范围不断扩大，应用效果不断提高。理论上和实践上的发展改进让平衡计分卡日臻完善并被广泛应用。

三、无形资产将成为绩效管理关注的重点对象

在知识经济时代，组织赖以生存和发展的价值来源已经发生了实质性的变化，组织之间的竞争不仅取决于有形资产，更多地依靠人力资源、技术、品牌、文化等无形资产的贡献，无形资产日益成为组织构建核心竞争能力的决定性因素。因此，无形资产必将成为组织未来绩效管理关注的重点对象。基于这一趋势，传统的绩效管理体系也会随之解构和重组。由于无形资产必须依附于有形资产并与战略保持协调才能创造高价值，因此未来的绩效管理将更加注重理顺价值创造的结果和驱动关系，更加注重平衡组织的长短期利益，在绩效衡量上也会兼顾财务指标与非财务指标，以实现组织的可持续发展。与企业绩效管理不同的是，政府绩效管理不仅关注人力资本、信息资本和组织资本，也强调政府组织的自身建设，特别是法制建设和反腐倡廉建设。

四、人的能动性将在未来的绩效管理中得到加强

人力资源是第一资源，是组织最为重要的无形资产。但是，在目前的绩效管理中，人的能动性还没有得到充分发挥。虽然目标管理提出了员工参与的核心思想，但是基于员工队伍的构成现状以及参与机制的不健全，普通员工在绩效计划的制定过程中仍然处于协商的劣势地位，仍然是绩效监控和辅导的被动接受者，仍然会遭受不公正的评价且申诉无果。随着知识经济的兴起，未来的组织将由知识工作者构成劳动力主体，员工的自我管理意识和能力将逐步提高；同时，通信、信息、自动化等领域的技术变革和发展，将改变员工的工作地点、时间和方式。这些因素将共同作用于未来的绩效管理体系，使组织中的每一个人，包括体系的设计者、管理者、组织者和执行者，都有机会发挥自己的能动性和创造力。新时代开启了新征程，也需要广大干部的新作为。2018 年 5 月，中共中央办公厅印发了《关于进一步激励广大干部新时代新担当新作为的意见》。文件要求构建完整的干部考核工作制度体系，坚持严管和厚爱结合、激励和约束并重，充分发挥干部考核评价的激励鞭策作用，激励广大干部满怀激情地投入新时代中国特色社会主义伟大实践。新时代的政府绩效管理必须充分调动和激发干部队伍的积极性、主动性和创造性，激励广大干部在新时代担当新使命、展现新作为。

五、电子化绩效管理系统将得到全面实施

电子化绩效管理系统是指组织利用互联网和计算机技术实现部分绩效管理的职能。它通过与组织现有网络技术相联系，保证绩效管理与变幻莫测的技术环境同步发展。电子化绩效管理系统能够提供轻松、快捷的在线信息访问与业务处理方式，大大优化组织的绩效管理业务流程。而且，绩效管理系统所采用的这种实现方式进一步提高了人力资源部门的工作效率，优化了人力资源部门的业务处理流程和信息访问方式，从而加快了事务处理速度，并且缩短了其他部门以及其他地域的成员向人力资源部门提交相关信息所需的时间。此外，这种基于网络的方式可以使数以千计的成员放弃纸质文档方式，转而访问在线人力资源门户站点，减少各种打印表格以及相关的大量处理费用，由此节省的费用总额也将是一个可观的数目。随着信息技术的快速发展，数字政府建设已经成为实现国家治理体系和治理能力现代化的重要支撑。《“十三五”国家信息化规划》指出，要“加快信息化发展，统筹网上网下两个空间，拓展国家治理新领域，让互联网更好造福国家和人民”。因此，紧跟数字政府建设潮流，发展政府组织的电子化绩效管理系统，以此来提升政府组织的服务能力和改进服务水平，已成为大势所趋。

六、绩效评价主体逐步走向多元化

公共部门绩效评价主体选择的合理与否，在很大程度上影响

着公共部门绩效评价的结果和效果。由于公共部门的绩效具有复杂性和宽泛性的特点，任何一个单独的评价主体都无法对公共部门绩效进行全面准确的判断，公共部门绩效评价主体多元化成为保证公共部门绩效评价的准确性、客观性和公平性的迫切要求。近年来，公共部门绩效评价主体逐步走向多元化。其一是第三方评估蓬勃发展。浙江省社科院作为第三方评估机构，对浙江的"最多跑一次"改革进行了两轮专项评估，显示出该改革呈现出全面发力、多点突破、纵深推进的良好态势。上海财经大学课题组从政府职能转变、投资领域开放等方面对中国（上海）自贸区建设的创新绩效进行了客观评价，显示综合满意度在80%以上。第三方评估已经成为提升公共部门绩效评估客观性和准确性的重要手段。其二是公民参与公共部门绩效评估的重要性日趋凸显。公民参与是政府绩效合法化的重要途径，也是探索中国特色政府绩效管理的重要路径。党的十八届三中全会决定指出，从各层次各领域扩大公民有序政治参与，充分发挥我国社会主义政治制度优越性。党的十九大报告提出，加强和创新社会治理，打造共建共治共享的社会治理格局。从地方政府实践来看，"万人评议政府""网上评议政府部门""群众评议党政领导班子"等，都是公民参与的代表性绩效评估实践。杭州市的综合考评实践中，构建了形式多样的公众参与政府绩效管理渠道，并已形成制度化，如在绩效考核制度设计环节充分征求公众意见，在目标考核中也包含对社会评价意见整改结果的考核等。

七、预算绩效管理工作稳步开展

全面实施预算绩效管理是推进国家治理体系和治理能力现代化的内在要求，是深化财税体制改革、建立现代财政制度的重要内容，是优化财政资源配置、提升公共服务质量的关键举措。2018 年 9 月，《中共中央 国务院关于全面实施预算绩效管理的意见》正式发布。文件指出，要构建政府、部门和单位全方位预算绩效管理格局，建立绩效评估、目标管理、绩效监控和绩效评价全过程的预算绩效管理链条，以及完善全覆盖的预算绩效管理体系，以推动财政资金聚力增效，提高公共服务供给质量。文件发布后，中央有关部门和地方政府积极响应。如中央组织部、海关总署、审计署、商务部等中央部门印发了贯彻落实意见和实施方案，中国地震局、农业农村部制定了 2018—2020 年预算绩效管理工作计划。北京、河北、山西、浙江等省份出台了《关于全面实施预算绩效管理的意见》，山东、福建、甘肃等省份的部分县市出台了市县级的贯彻落实意见等。

八、政府绩效管理法制化建设进程不断推进

2014 年 10 月，中国共产党第十八届中央委员会第四次全体会议在北京顺利举行，会议审议通过了《中共中央关于全面推进依法治国若干重大问题的决定》。《决定》指出："全面推进依法治国，总目标是建设中国特色社会主义法治体系，建设社会主义法治国家。"有序推进政府绩效管理法制化建设进程既是建设社

会主义法治国家的内在要求，也是促进政府绩效管理制度化、规范化的必要举措。目前，我国还没有在中央层面的政府绩效管理立法，各级地方政府在政府绩效管理立法方面则取得了较大的进展。2009 年 6 月，黑龙江省人大常委会审议通过了《哈尔滨市政府绩效管理条例》，该条例共设 7 章 48 条，明确了哈尔滨市政府绩效管理的宗旨、基本原则、适用范围、机构职责，并对绩效计划、绩效评估、绩效信息、绩效诊断、绩效问责等多方面做了具体规范。这是国内首部关于政府绩效管理的专门立法，被誉为政府绩效管理的“哈尔滨模式”。随后，《南京市政府部门绩效管理暂行办法》《四川省人民政府部门绩效管理办法》《杭州市绩效管理条例》《深圳市政府绩效评估与管理暂行办法》等相继发布，标志着政府绩效管理法制化建设进程不断深入推进。

第十二章　我国公共部门绩效管理典型实践

第一节　案例一：北京市延庆县绩效管理实践

延庆县隶属北京市，地处北京市西北部，东邻怀柔区，南接昌平区，西与河北省怀来县接壤，北与河北省赤城县相邻，平均海拔 500 米以上，气候独特，冬冷夏凉，素有北京“夏都”之称。2015 年年底，撤延庆县设延庆区。

延庆是首都生态涵养区，始终坚持生态立区理念，全面实施生态文明发展战略，全面推进“两山”理论实践创新基地建设，先后获得“全国绿化模范县”“ISO14000 国家示范区”“国家园林县城”“国家卫生县城”“北京市可再生能源示范区”“国家生态县”“全国水生态文明城市”“国家森林城市”等荣誉称号，成为“控制农村面源污染示范区”“国家生态文明建设示范区”“国家水土保持生态文明县”“‘两山’理论实践创新基地”。延庆净土净水净气，成为首都北京的绿色屏障和后花园。

一、延庆县委县政府战略地图与平衡计分卡

1. 延庆县委县政府战略地图

（1）使命。经过延庆县委县政府领导班子多次商讨，从延庆县委县政府的宗旨出发，最终使命确定为：贯彻落实市委市政府的路线、方针、政策，全心全意造福延庆人民。

（2）核心价值观。延庆县委县政府结合其在经济社会建设中秉承的发展理念以及践行“北京精神”的要求，将其核心价值观概括为“绿色发展、高端一流、以人为本、开拓创新”。

（3）愿景。延庆县委县政府为延庆人民描绘的美好蓝图是：“到 2016 年，全面建设环境优美、生态宜居、富裕文明、幸福和谐的绿色北京示范区。”

（4）战略。为了实现所描绘的愿景，延庆县委县政府在近一段时间内的重点工作是：以加强绿色环境建设为基础，以加快绿色产业发展为核心，以推广绿色生产生活方式为切入点，以绿色发展成果惠及民生为出发点和落脚点，推动“县景合一”。

（5）利益相关者层面。延庆县委县政府的利益相关者包括上级北京市委市政府、当地企业和居民等。为了巩固党的执政地位，充分体现社会主义优越性，体现首都北京的政治、经济、文化中心地位，必须把市委市政府的各项惠民政策抓紧落实，切实有效地维护全县人民的根本利益。因此，在利益相关者层面设置了“经济又好又快发展”“人民生活明显改善”“社会更加和谐稳

定”“城乡建设不断加强”“生态环境品质进一步提升”“文化更加发展繁荣”“服务质量显著提升”“改革开放更加深入”共八个结果性的战略目标。

（6）实现路径层面。为了实现利益相关者层面的结果性目标，延庆县委县政府将实现路径层面划分为八个领域，即八个战略主题，其中“经济发展”“改善民生”“社会管理”“城乡建设”“生态环境”“文化发展”“改革创新”是实现中长期目标必须坚持的战略主题，而“世界葡萄大会筹备”则是近期重点工作项目。然后，在每个战略主题下设置实现路径层面的各个目标。例如，在经济发展战略主题下设置了“构建合理的产业空间布局”“以旅游休闲产业为主导大力发展第三产业”“聚焦新能源环保产业努力做强第二产业”“积极发展都市型现代生态农业”“促进产业融合”“加大招商引资力度”等目标。在改善民生战略主题下设置了“为劳动者创造充分的就业机会”“推动公共服务均衡优质发展”“完善社会保障体系”“提高社会福利水平”等目标。在社会管理战略主题下设置了“完善社会管理格局”“加强社会治安管理”“加大社会矛盾纠纷排查化解力度”“加强城乡社区管理与服务”“强化公共安全管理”“加强人口和计生工作”“加强民主法治建设”“做好国防后备力量规范化建设和民兵预备役工作”等目标。在生态环境战略主题下设置了“塑造优美县域景观”“加大环境保护力度”“推广绿色生活方式”“科学管理经营环境”等目标。在文化发展战略主题下设置了“切实加强精神文明建设”“大力发展公益性文化事业”“全面提升文化遗产保护水平”“加快发展文化创意产业”等目标。在世葡会筹备战略主题下设置了“加大基础设施建设力度”“落实‘一带一园一场四中心’规划”“加强统筹管理与活动策划”等目标。

（7）保障措施层面。延庆县委县政府在保障措施层面共设置了12个目标，其中在党的建设方面主要设置了“提升党的组织工作水平”“提升党的宣传思想工作水平”“提升党的纪检工作水平”“提升党的统战工作水平”“提升党的群团工作水平”等目标。在政府自身建设方面则突出“建设法治型、服务型、廉洁型政府”的要求。财政资金是顺利推进全县各项事业的重要物质保障。延庆当时的状况是经济基础薄弱，财力物力不充足，必须从开源与节流两方面为获取资金保障而努力。开源一方面要确保经济持续稳定增长，提高政府财政收入；另一方面要想方设法“争取上级财政资金支持”，同时还要“拓宽融资渠道”，吸引社会投资。节流则通过“科学安排财政预算”“控制行政成本”等举措来实现。

延庆县委县政府的战略地图如图12-1所示。

2. 延庆县委县政府平衡计分卡

根据战略地图中的层面和目标，延庆县委县政府经过细致讨论，多轮协商，针对每个目标设置相应的指标、目标值、指标等级、指标类型、主管领导、责任部门和行动方案，形成县委县政府的平衡计分卡（示例），如表12-1所示。

使　　命：贯彻落实市委市政府的路线、方针、政策，全心全意造福延庆人民。

核心价值观：绿色发展、高端一流、以人为本、开拓创新

愿　　景：到2016年，全面建设环境优美、生态宜居、富裕文明、幸福和谐的绿色北京示范区。

战　　略：以加强绿色环境建设为基础，以加快绿色产业发展为核心，以推广绿色生产生活方式为切入点，以绿色发展成果惠及民生为出发点和落脚点，推动“县景合一”。

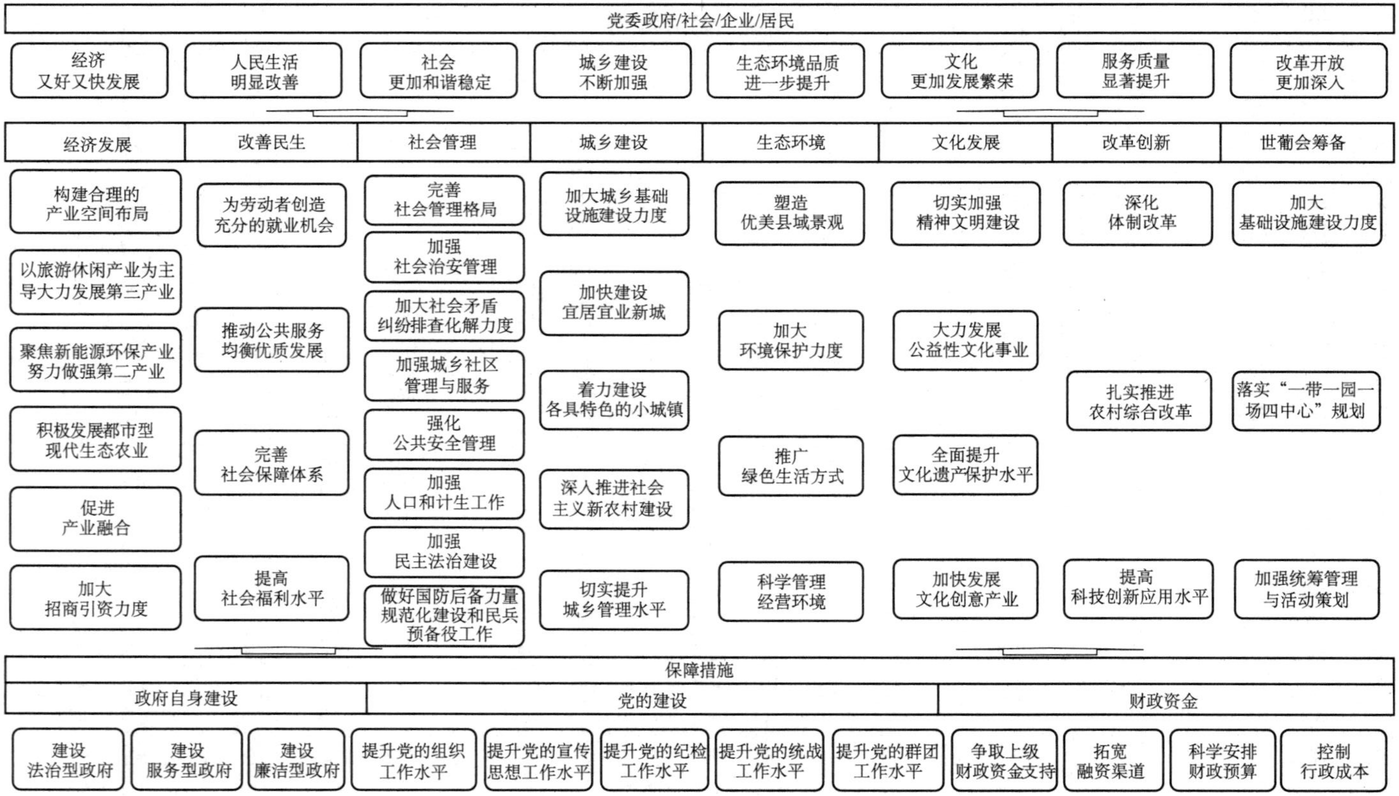

图12－1　延庆县委县政府战略地图

表 12-1　　延庆县委县政府平衡计分卡（示例）

层面	目标	指标	目标值	行动方案	预算
利益相关者	经济又好又快发展	地区生产总值年增长率	10%	略	略
		财政一般预算收入年增长率	10%	略	略
	人民生活明显改善	城镇居民人均可支配收入年增长率	8%	略	略
		农民人均纯收入年增长率	9%	略	略
实现路径	构建合理的产业空间布局	“一城一川两园四带”建设进展度	×%	略	略
		十个新的战略增长极建设进展度	×%	略	略
		新能源环保产业占规模以上工业产值比重	30%	略	略
		万元 GDP 能耗同比下降	4%	略	略
		万元 GDP 水耗同比下降	5%	略	略
	积极发展都市型现代生态农业	农业产值年增长率	5%	略	略
		有机农业占农业产值比重	×%	略	略
		耕地保有量	286 平方公里	略	略
	促进产业融合	融合产业产值同比增长率	×%	略	略
	加大招商引资力度	引进项目数量	×个	略	略
		招商引资当年形成固定资产投资额	×元	略	略
	为劳动者创造充分的就业机会	城镇登记失业率	<3.5%	略	略
		城镇失业人员就业率	>60%	略	略
		失业人员就业率	>80%	略	略
	完善社会管理格局	网格化管理覆盖率	×%	略	略
		新增服务类公益性社会组织数量	×个	略	略
	加快建设宜居宜业新城	新城公共基础设施建设累积投资额	×元	略	略
		城镇居民生活工作便利度	×等级	略	略
		住宅小区改造建设面积	×平方米	略	略

续表

层面	目标	指标	目标值	行动方案	预算
实现路径	塑造优美县域景观	新增林地面积	2万亩	略	略
		城市人均公共绿地面积	×平方米	略	略
	切实加强精神文明建设	精神文明先进单位数量	×个	略	略
		精神文明先进个人数量	×个	略	略
	深化体制改革	群众对经济体制改革满意度	×%	略	略
		事业单位改革进展度	100%	略	略
		医药卫生体制改革进展度	×%	略	略
保障措施	建设法治型政府	行政诉讼案件败诉次数	0次/年	略	略
		行政处罚案卷合格率	100%	略	略
	提升党的组织工作水平	班子和干部队伍建设工作	达标	略	略
		党的基层组织建设工作	达标	略	略
		人才队伍建设工作	达标	略	略
	争取上级财政资金支持	市级以上财政资金支持总额	×元	略	略
	拓宽融资渠道	社会融资总额	×元	略	略
	科学安排财政预算	预算执行率	×%	略	略
		基本公共服务支出比率	×%	略	略
	控制行政成本	“三公”经费占总支出比重	×%	略	略

3. 延庆县委县政府绩效评价量表

在平衡计分卡的基础上，为了评价便利，剔除目标、指标等级、指标类型等内容，形成延庆县委县政府的绩效评价量表（示例），如表12-2所示。

表12-2　　延庆县委县政府绩效评价量表（示例）

层面	指标	目标值	权重系数	数据来源	评价主体
利益相关者	地区生产总值年增长率	10%	略	市统计局	市发改委
	财政一般预算收入年增长率	10%	略	市统计局	市发改委

续表

层面	指标	目标值	权重系数	数据来源	评价主体
利益相关者	全社会固定资产投资增长率	10%	略	市统计局	市发改委
	城镇居民人均可支配收入年增长率	8%	略	市统计局	市发改委
	农民人均纯收入年增长率	9%	略	市统计局	市发改委
	空气质量二级和好于二级的天数占全年比重	>84%	略	市环保局	市环保局
	游客满意度	×%	略	市统计局	游客
实现路径	旅游休闲业产值占第三产业产值比重	×%	略	市统计局	市发改委
	社会消费品零售额	×元	略	市统计局	市发改委
	耕地保有量	286平方公里	略	市农业局	市农业局
	融合产业产值同比增长率	×%	略	市统计局	市发改委
	招商引资当年形成固定资产投资额	×元	略	市统计局	市发改委
	城镇登记失业率	<3.5%	略	市人保局	市人保局
	失业人员再就业人数	×人/年	略	市人保局	市人保局
	农村富余劳动力转移就业人数	4 000人	略	市人保局	市人保局
	职业技能培训人数	4 000人	略	市人保局	市人保局
	义务教育普及率	>99%	略	市教委	市教委
	安全饮水达标率	96%	略	市水务局	市水务局
	公共安全事件发生次数	0次	略	市综治办	市综治办
	重点食品安全监测抽查合格率	98%	略	市卫生局	市卫生局
保障措施	行政诉讼案件败诉次数	0次/年	略	市法制办	市法制办
	行政处罚案卷合格率	100%	略	市法制办	市法制办
	腐败案件发生数量	0件/年	略	市监察局	市监察局
	预算执行率	×%	略	市财政局	市财政局
	“三公”经费占总支出比重	×%	略	市财政局	市财政局

二、延庆县委组织部战略地图与平衡计分卡

延庆县委组织部是负责组织工作、干部工作、人才工作的县委工作机构。其主要职能包括：贯彻执行党的组织工作的方针、政策，研究、规划和指导全县党组织建设，加强基层党组织班子和干部队伍建设，探索新形势下党组织的设置和活动方式，指导活动的开展；加强“两新”组织中党的建设工作；规划并组织抓好党员教育工作，主管全县党员的教育管理和发展工作；加强党内民主制度建设；负责指导全县党员电化教育工作和农村党员干部现代远程教育工作；推进农村经济制度、经济组织创新和基层党组织建设创新的组织、协调工作；指导推进农村基层民主政治建设；提出关于乡镇和县直单位领导班子调整、配备的意见和建议；负责县委管理干部的考察和办理任免、工资、待遇、退休审批手续以及有关问题的监督审查工作；组织落实培养选拔处级后备领导人才和优秀中青年干部工作；指导乡镇和县直单位领导班子的思想作风建设；承办处级干部的调配、交流及安置工作；研究提出贯彻上级党委及其组织人事部门关于处级领导班子、干部队伍建设方针政策的意见和措施；研究和指导全县党的组织制度和干部人事制度的改革；组织实施培养、选拔干部工作等。县委组织部共设办公室、组织科、党员教育管理科、干部科、干部监督科、人才科、信息调研科 7 个职能科（室）和党员电化教育中心、党代表联络室、党建研究中心 3 个事业单位。延庆县委组织部作为主管组织和干部工作的部门，肩负着非常重大的责任与

使命。

1. 延庆县委组织部战略地图

战略地图是将组织部的整体战略分解之后，各战略要素之间因果关系的可视化、图表式的工具。战略地图可以帮助我们科学谋划工作思路，理顺工作途径与方法。

（1）使命。使命阐述组织存在的价值。基于组织部在党委领导下管理党员、管理干部的重要职能，确定使命为“贯彻执行党中央和北京市委有关组织工作的方针、政策，为全面建设现代化新延庆提供坚强的政治保证、组织保障和人才支撑”。

（2）核心价值观。核心价值观是行为准则与约束。组织工作的特殊性质要求组工干部在工作过程中必须立场坚定、谦虚谨慎、勤政廉洁，由此确定“忠诚、正派、公道、奉献”为核心价值观。

（3）愿景。延庆县委组织部确定在 2016 年这个时间点上，能够通过努力，成为北京市组织系统“三服务两满意”模范部门。

（4）战略。延庆县委组织部将近期的工作重点表述为“通过加强基层组织建设、深化干部人事制度改革、优化人才发展环境，提升延庆组织工作科学化水平”。

（5）利益相关者层面。延庆县委组织部根据自身工作职责，将利益相关者细分为党组织、党员、干部和人才，并确定“建设先进基层党组织和优秀党员队伍”“建设强有力的领导班子和高素质的干部队伍”“建设数量充足、结构合理、素质一流的人才队伍”“提供让党满意、让人民满意的高质量服务”四个目标。

（6）实现路径层面。为实现利益相关者层面设定的目标，延庆县委组织部将工作划分为“创先争优活动”“基层组织建设”“干部队伍建设”“人才队伍建设”“服务管理”“改革创新”六大战略主题，并在相应战略主题内确定了23个战略目标。

（7）保障措施层面。组织部由于不属于政府组成部门，没有政府自身建设这一战略主题。结合延庆县委组织部的工作实际，保障措施层面划分为三个战略主题：自身建设、支部建设和财政资金。

延庆县委组织部的战略地图如图12－2所示。

2. 延庆县委组织部平衡计分卡

在绘制完战略地图之后，就要根据每个战略目标设置相应的衡量指标、目标值、指标等级、指标类型、主管领导、责任部门和行动方案，形成延庆县委组织部的平衡计分卡（示例），如表12－3所示。

3. 延庆县委组织部绩效评价量表

将延庆县委组织部平衡计分卡中的监控指标剔除，将每个指标赋值满分100分，并按照重要性程度配以5、3、1的权重，形成延庆县委组织部的绩效评价量表（示例），如表12－4所示。

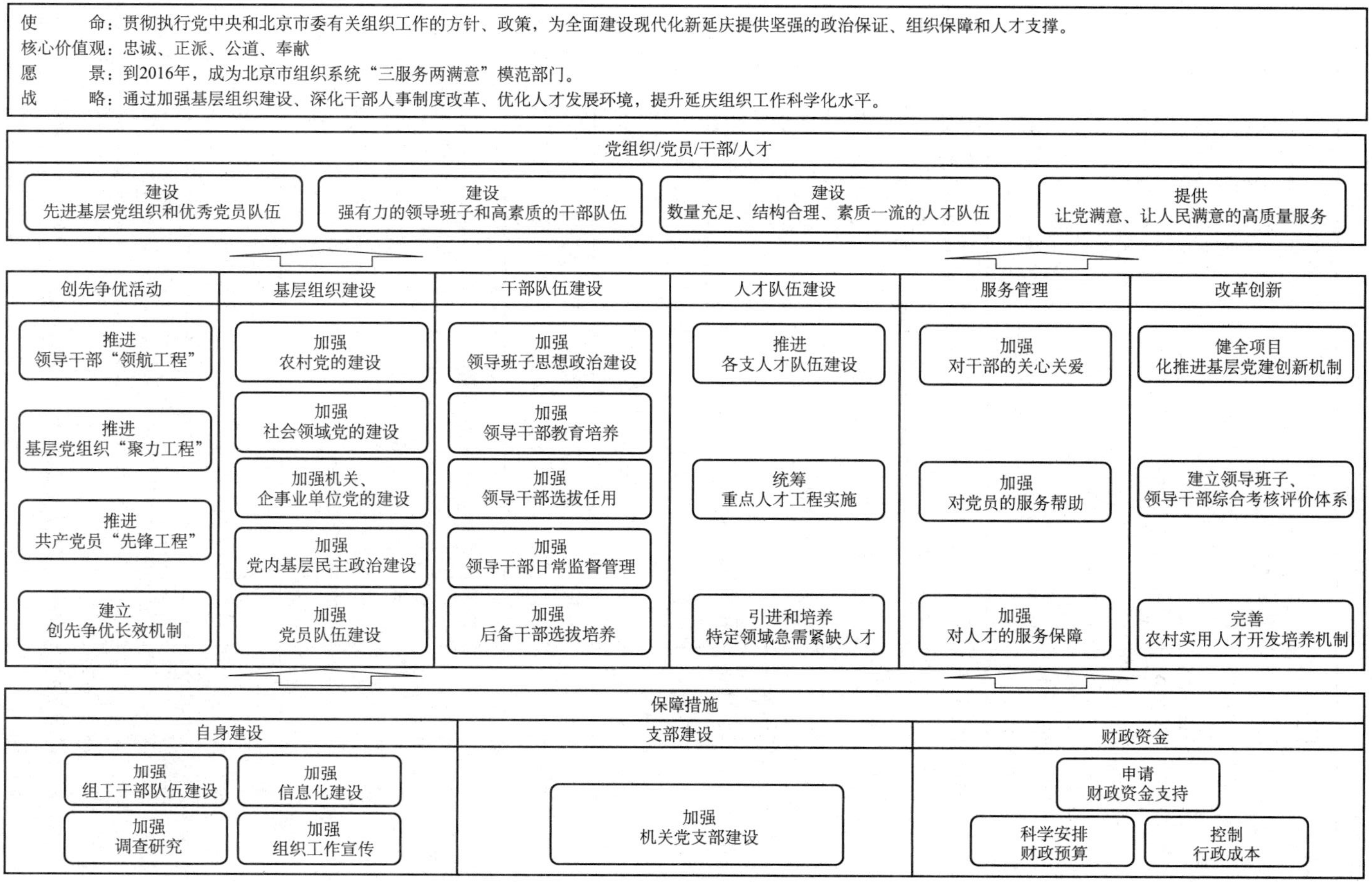

图12－2　延庆县委组织部战略地图

表 12-3　　延庆县委组织部平衡计分卡（示例）

层面	目标	指标	目标值	行动方案	预算
利益相关者	建设先进基层党组织和优秀党员队伍	先进基层党组织数量	50个	略	略
		优秀共产党员数量	100人	略	略
	提供让党满意、让人民满意的高质量服务	全国组织工作满意度	≥82%	略	略
		县内组织工作满意度	≥85%	略	略
实现路径	建立创先争优长效机制	基层党支部建立实用制度数量	≥1项/个	略	略
	加强农村党的建设	向全委会报告农村党的建设工作次数	1次/年	略	略
	加强党员队伍建设	发展党员数量	850～900人	略	略
	加强领导班子思想政治建设	县处级班子理论中心组学习次数	≥10次/年	略	略
		县处级领导班子民主生活会次数	1次/年	略	略
	加强领导干部教育培养	举办干部教育培训主体班期数	5期	略	略
	加强领导干部选拔任用	开展科级干部公开选拔次数	≥1次	略	略
		科级干部竞争上岗率	65%	略	略
	加强后备干部选拔培养	集中调整后备干部库总量	400～500人	略	略
		选派干部参加挂职锻炼人数	20人/年	略	略
		选调副处级后备干部重点培训人数	>50人/年	略	略
	推进各支人才队伍建设	专业技术人才总量增长率	3%	略	略
	加强对干部的关心关爱	处级领导干部谈心谈话率	≥50%	略	略
	健全项目化推进基层党建创新机制	优秀基层党建创新项目数量	10个	略	略

续表

层面	目标	指标	目标值	行动方案	预算
保障措施	加强机关组工干部队伍建设	组工干部培训班	1次/年	略	略
	加强党支部建设	机关集体学习次数	≥20次/年	略	略
		组织机关支部活动次数	≥4次/年	略	略
	申请财政资金支持	申请上级资金	达标	略	略
	科学安排财政预算	预算执行率	100%	略	略
	控制行政成本	严格控制行政成本	达标	略	略

表 12-4　　延庆县委组织部绩效评价量表（示例）

层面	指标	目标值	满分	权重系数	数据来源	评价主体
利益相关者	先进基层党组织数量	50个	100	略	组织部	绩效办
	优秀共产党员数量	100人	100	略	组织部	绩效办
	干部选拔任用工作“一报告两评议”满意度	≥90分	100	略	组织部	绩效办
	全国组工满意度民意调查中选人用人公信度	≥75分	100	略	上级部门	绩效办
实现路径	培育党员示范户率	10%	100	略	组织部	绩效办
	村“两委”主要干部培训学时	7天/年	100	略	组织部	绩效办
	“两新”组织党组织覆盖率	100%	100	略	组织部	绩效办
	在职党员服务社区上岗率	90%	100	略	组织部	绩效办
	党员先锋岗创建比例	30%	100	略	组织部	绩效办

续表

层面	指标	目标值	满分	权重系数	数据来源	评价主体
实现路径	发展党员	≈950人	100	略	组织部	绩效办
	竞争性选拔任用领导干部比例	20%	100	略	组织部	绩效办
保障措施	信息公开及时性	达标	100	略	组织部	绩效办
	各类基础数据库健全度	达标	100	略	组织部	绩效办
	部门协作满意度	≥90%	100	略	组织部	绩效办
	获市级以上荣誉数量	×个	加分项	略	创先办	创先办

三、延庆县委组织部个人平衡计分卡与绩效评价量表

通俗地讲，战略落地的过程就是战略从组织层面向下延伸到部门层面，再向下具体落实到个人层面的过程。在设计完成延庆县委组织部及其内设科室的战略地图、平衡计分卡与绩效评价量表之后，下一步就是通过单独承接和共同承接的方式形成个人平衡计分卡与绩效评价量表。从延庆县委组织部层面（组织层面）承接、补充形成的是延庆县委组织部领导班子成员的个人平衡计分卡，而从其内设科室（部门层面）承接而来的是非领导班子成员的个人平衡计分卡。

结合组织层面的平衡计分卡，再根据组织层面以外的职责，形成领导班子成员的个人平衡计分卡（示例），如表12-5所示。

表 12-5　　延庆县委组织部某副部长平衡计分卡（示例）

所属单位	组织部	职位名称	副部长
姓名		直接上级	部长
主管（分管/协管）工作	组织科/电教中心/党建研究中心/县党代表联络室		

层面	目标	指标	目标值	指标等级	指标类型	责任部门	行动方案
利益相关者	建设先进基层党组织和优秀党员队伍	先进基层党组织数量	50个	县级	考核指标	组织科	略
实现路径	加强农村党的建设	后进村转化率	100%	处级	监控指标	组织科	略
		无职务党员设岗定责上岗率	85%	处级	监控指标	组织科	略
	加强社会领域党的建设	"两新"组织党组织覆盖率	100%	县级	考核指标	组织科	略
		社区直选比例	100%	处级	监控指标	组织科	略
	加强党内基层民主政治建设	村级党组织民主生活会频次	2次/年	处级	监控指标	组织科	略
保障措施	坚持政务公开	信息公开及时性	达标	处级	考核指标	办公室	略
		主动公开信息比例	×%	处级	监控指标	办公室	略
	促进协调一致	部门协作满意度	≥90%	处级	考核指标	办公室	略

为了保证最终战略目标的顺利达成，就需要对绩效取得过程进行监督与管理。根据个人平衡计分卡中的内容，形成用于过程监控的个人季度绩效监控表（示例），并计入最终考核评价的总分，如表 12-6 所示。

表 12-6　　延庆县委组织部某副部长季度绩效监控表（示例）

所属单位	组织部	职位	副部长	姓名	

层面	目标	具体完成工作任务	指标完成情况			存在问题	对策
			指标	年目标值	累计完成值		
利益相关者	建设先进基层党组织和优秀党员队伍	……	先进基层党组织数量	50 个	……	……	……
			优秀共产党员数量	100 人			
	建设强有力的领导班子和高素质的干部队伍		干部选拔任用工作"一报告两评议"满意度	≥90 分			
			全国组工满意度民意调查中选人用人公信度	≥75 分			
	建设数量充足、结构合理、素质一流的人才队伍		人才资源总量	52 000 人			
			中高级人才比重	20%			
	提供让党满意、让人民满意的高质量服务		县委班子满意度	90%			
			各委办局、乡镇、企事业单位满意度	90%			
实现路径	加强农村党的建设		后进村转化率	100%			
			无职务党员设岗定责上岗率	85%			
			培育党员示范户率	10%			
			县、乡镇、村结对帮扶对数	110 对/年			

续表

层面	目标	具体完成工作任务	指标完成情况			存在问题	对策
			指标	年目标值	累计完成值		
实现路径	加强农村党的建设		村“两委”主要干部培训学时	7天/年			
			村务公开频次	1次/季度			
	加强社会领域党的建设		“两新”组织党组织覆盖率	100%			
			社区直选比例	100%			
			社区“一人兼”比例	100%			
			在职党员服务社区上岗率	90%			
	加强机关、企事业单位党的建设		党员先锋岗创建比例	30%			
			机关党委换届覆盖率	100%			
	加强党内基层民主政治建设		村级党组织民主生活会频次	2次/年			
保障措施	坚持政务公开		信息公开及时性	达标			
			主动公开信息比例	×%			
	促进协调一致		部门协作满意度	≥90%			
	争创先进单位		获市级以上荣誉数量	×个			
其他工作	1.						
	2.						
汇报人签名				汇报日期		年　月　日	

单位负责人季度综合评价（签署意见）		得分（百分制）	
		单位负责人签名	
		评价日期	

最后，根据领导班子成员个人平衡计分卡中的指标类型，以其工作职责为考量，形成领导班子成员个人绩效评价量表（示例），如表 12-7 所示。

表 12-7　　延庆县委组织部某副部长个人绩效评价量表（示例）

层面	指标	目标值	满分	权重系数	数据来源	评价主体
利益相关者	先进基层党组织数量	50 个	100	略	组织部	绩效办
	优秀共产党员数量	100 人	100	略	组织部	绩效办
	干部选拔任用工作"一报告两评议"满意度	≥90 分	100	略	组织部	绩效办
	全国组工满意度民意调查中选人用人公信度	≥75 分	100	略	上级部门	绩效办
个人	后进村转化率	100%	100	略	组织部	绩效办
	无职务党员设岗定责上岗率	85%	100	略	组织部	绩效办
	培育党员示范户率	10%	100	略	组织部	绩效办
	县、乡镇、村结对帮扶对数	110 对/年	100	略	组织部	绩效办
	村"两委"主要干部培训学时	7 天/年	100	略	组织部	绩效办
	信息公开及时性	达标	100	略	组织部	绩效办
	主动公开信息比例	×%	100	略	组织部	绩效办
	部门协作满意度	≥90%	100	略	组织部	绩效办
	获市级以上荣誉数量	×个	加分项	略	创先办	创先办
	预算执行率	100%	100	略	财政局	财政局
	"三公"经费占总支出比重	×%	100	略	财政局	财政局

非领导班子成员个人平衡计分卡和绩效评价量表的设计思路与领导班子成员的个人平衡计分卡和绩效评价量表并无二致，唯一的区别在于，非领导班子成员是从内设科室（部门层面）承接，而领导班子成员是从延庆县委组织部（组织层面）承接，在此不再赘述。

第二节　案例二：广东省东莞市科学技术博物馆绩效管理实践

东莞市科学技术博物馆（以下简称东莞科技馆）位于新城市中心区、市中心广场南端，与市政府行政办事中心、会议大厦、展览馆、大剧院等标志性建筑有机组合成一体，是东莞市新建的环境幽雅、秀美灵气、充满活力的现代城市精品。2001 年 11 月，东莞科技馆项目建议书正式提出。2002 年 6 月 1 日，东莞市委、市政府确定 28 项市政建设重点工程，其中确定东莞科技馆投资项目预算 2.93 亿元。2002 年 9 月 9 日，东莞市机构编制委员会同意成立东莞科技馆，直属东莞市科技局管理。2002 年 10 月 1 日，东莞科技馆建筑打下第一根桩。东莞科技馆占地面积 4 万平方米，建筑面积 3.2 万平方米，建筑物占地面积 7 000 多平方米，展示面积 1.2 万平方米，共 4 层，总楼高 38 米，每层高约 7.5 米，总投资 3 亿多元。科技馆功能定位的总体构思是，配合打造“现代制造业名城”的战略目标，充分展示现代制造业技术水平和发展方向，宣传推介现代制造业发展观念和科技思想，建设成为一个以制造业科技、信息科技为博览重点，具有东莞特色和现代意义的专题科技馆。东莞科技馆领导班子设馆长一名、副馆长一名、馆长助理三名，下设办公室、外联部、展教部、影视部、物安部、财务部、人力资源部、拓展部、科学家俱乐部等9个部门。

一、东莞科技馆战略地图与平衡计分卡

（1）使命。东莞科技馆将其使命确定为：激发公众对科学的兴趣，提高公众科学素质。

（2）核心价值观。东莞科技馆将其核心价值观定义为：崇尚科学、力行创新；精心服务、用心做事。

（3）愿景。东莞科技馆的愿景是：到2015年，成为国内一流、国际知名的（专题）科技馆。

（4）战略。东莞科技馆的战略是：引进、培育和整合人力资源，持续创新科学传播模式，打造科普教育知名品牌。

（5）利益相关者层面。东莞科技馆利益相关者层面分为三个方面，分别是成为优秀的科普基地、提供卓越的客户体验、成为城市特色名片。

（6）财务层面。东莞科技馆的财务层面主要分为扩大财务收入来源、提高资金使用效率两大方面。

（7）内部业务流程层面。东莞科技馆的内部业务流程层面分为卓越运营、利益相关者关系、持续创新、法规与社会四个方面，包括持续优化管理和服务流程、加强设施设备管理、有效预

防并处置突发事件、捕捉并满足主要目标客户的差异化需求、提供方便的科技馆资讯、开发并维护战略伙伴关系、打造品牌服务项目、持续推进科普产品创新、持续推进服务模式创新、建立良好的公共关系十个目标。

（8）学习与成长层面。东莞科技馆的学习与成长层面分为人力资本、信息资本、组织资本三个方面，包括建设训练有素的员工队伍、建立关键岗位人员储备计划、构建完善的信息系统、塑造客户中心型组织文化、建立绩效导向的激励机制、促进整体协调一致六个目标。

东莞科技馆战略地图如图 12－3 所示。

东莞科技馆根据市委、市政府确定的年度工作目标和自定的年度工作任务，依据战略地图中 21 个目标确定了“国家科普教育基地”“参观人次”“游客满意度”等 39 个指标，并为其设定了目标值，形成了东莞科技馆平衡计分卡，如表 12－8 所示。

二、东莞科技馆展教部战略地图与平衡计分卡

展教部建立健全展教工作规章制度，完善展教服务流程和行为准则；保养、维修、改造和更新展品及相关设备；培训、考核并激励展教工作人员；思考探索创新展教形式，并组织实践，以满足客户不断增长的需求。展教部根据自身部门职责设置的战略地图如图 12－4 所示。

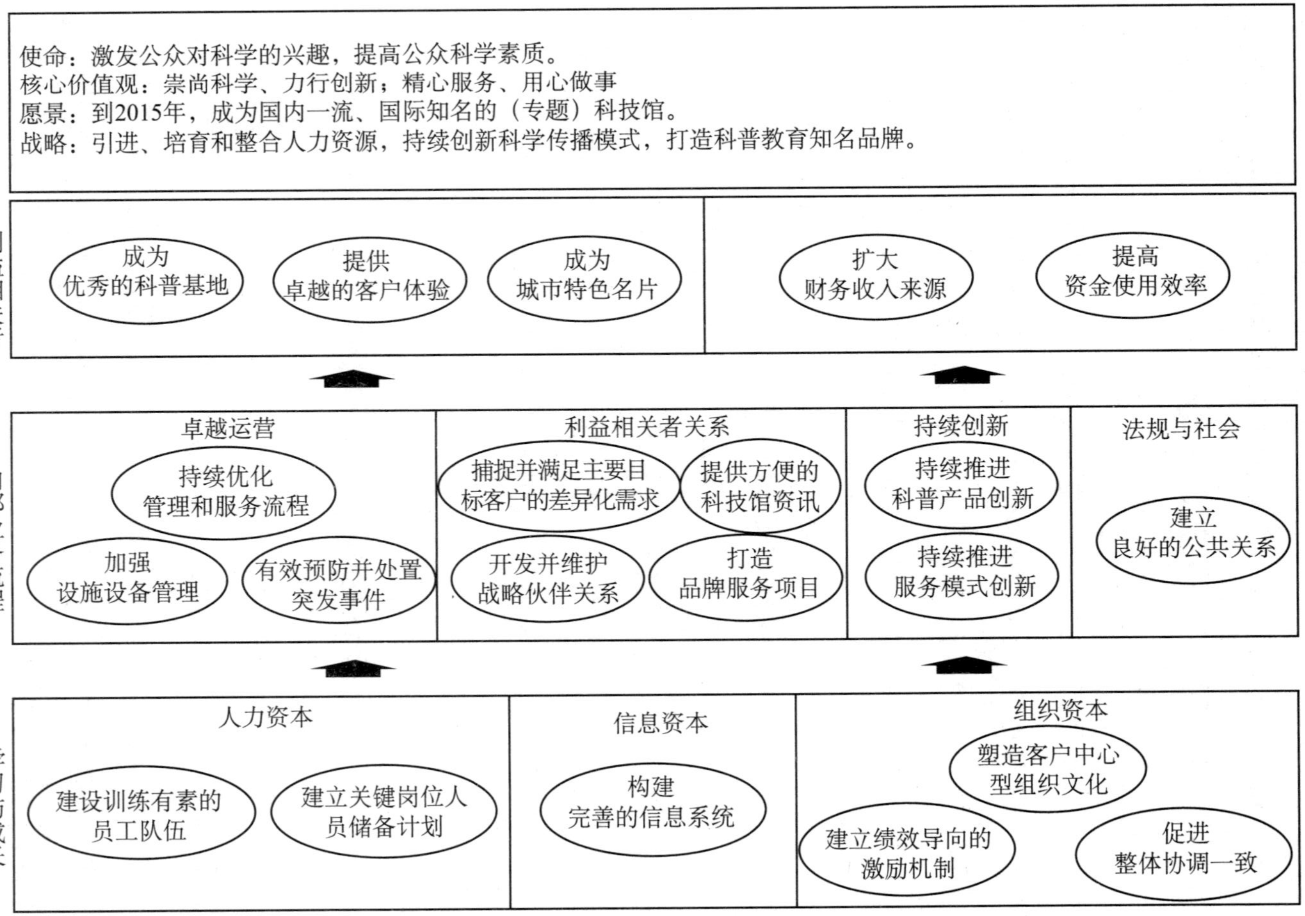

图12－3　东莞科技馆战略地图

表 12-8　　东莞科技馆平衡计分卡

层面	目标	指标	目标值	行动方案
利益相关者	R1：成为优秀的科普基地	R1—1：国家科普教育基地	略	略
		R1—2：参观人次	略	略
	R2：提供卓越的客户体验	R2—1：游客满意度	略	略
		R2—2：有效投诉次数	略	略
	R3：成为城市特色名片	R3—1：国家 4A 级旅游景点	略	略
		R3—2：市外参观团体总人次	略	略
财务	F1：扩大财务收入来源	F1—1：财政拨款增长率	略	略
		F1—2：营运收入总额	略	略
		F1—3：预算外项目资金总额	略	略
		F1—4：社会捐赠金额	略	略
	F2：提高资金使用效率	F2—1：预算先进单位	略	略
内部业务流程	I1：持续优化管理和服务流程	I1—1：优化的流程数量	略	略
		I1—2：有效优化流程的比率	略	略
	I2：加强设施设备管理	I2—1：展教设备完好率	略	略
		I2—2：物业设施完好率	略	略
	I3：有效预防并处置突发事件	I3—1：应急演练频次	略	略
		I3—2：响应时间	略	略
	I4：捕捉并满足主要目标客户的差异化需求	I4—1：本地来访学校占学校总数的百分比	略	略
		I4—2：本地来访学校团体总人次增幅	略	略
		I4—3：新增本地企业团队参观总人数	略	略
	I5：提供方便的科技馆资讯	I5—1：重要媒体直接报道次数	略	略
		I5—2：网站点击量增幅	略	略
	I6：开发并维护战略伙伴关系	I6—1：SPCI 占团队业务收入总额的比率	略	略
		I6—2：SPCI 占团队游客人次的比率	略	略
	I7：打造品牌服务项目	I7—1：品牌服务项目数量	略	略
		I7—2：品牌服务的认知度	略	略
	I8：持续推进科普产品创新	I8—1：展品更新率	略	略
		I8—2：新增科普产品数量	略	略
		I8—3：特效影片更新数量	略	略

续表

层面	目标	指标	目标值	行动方案
内部业务流程	I9：持续推进服务模式创新	I9—1：新增服务项目数量	略	略
		I9—2：预算外创新项目数量	略	略
	I10：建立良好的公共关系	I10—1：关键需求满足程度	略	略
学习与成长	L1：建设训练有素的员工队伍	L1—1：人力资本准备度	略	略
		L1—2：核心员工流失数量	略	略
	L2：建立关键岗位人员储备计划	L2—1：关键岗位人员储备计划覆盖率	略	略
	L3：构建完善的信息系统	L3—1：信息系统综合评价等级	略	略
	L4：塑造客户中心型组织文化	L4—1：文化认知度	略	略
	L5：建立绩效导向的激励机制	L5—1：员工对激励机制的认可度	略	略
	L6：促进整体协调一致	L6—1：部门协作满意度	略	略

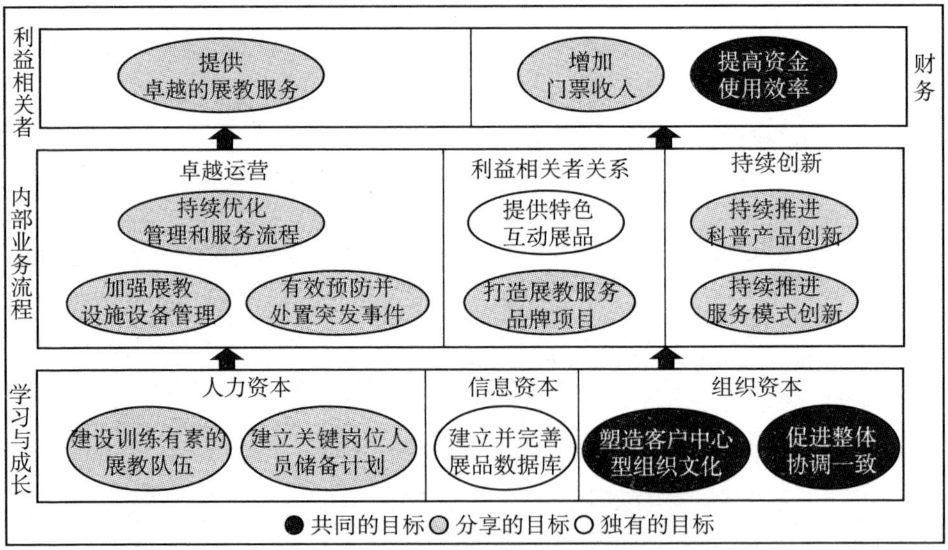

图 12－4　展教部战略地图

展教部依据部门战略地图中的 15 个目标确定了“参观人次”“游客满意度”“有效投诉次数”等 22 个指标，并为其设定了目标值，形成了展教部的平衡计分卡，如表 12－9 所示。

表 12－9　　展教部平衡计分卡

部门名称	展教部	部门编号	/	
部门负责人	×××	分管领导	/	
层面	目标	指标	目标值	行动方案
利益相关者	R1：提供卓越的展教服务	R1—1：参观人次	略	略
		R1—2：游客满意度	略	略
		R1—3：有效投诉次数	略	略
财务	F1：增加展厅门票收入	F1—1：展厅门票收入增长率	略	略
	F2：提高资金使用效率	F2—1：预算达标率	略	略
内部业务流程	I1：持续优化展教管理和服务流程	I1—1：优化的流程数量	略	略
		I1—2：有效优化流程的比率	略	略
	I2：加强展教设施设备管理	I2—1：展教设备完好率	略	略
	I3：有效预防并处置突发事件	I3—1：响应时间	略	略
		I3—2：游客伤害事件件数	略	略
	I4：提供特色互动展品	I4—1：新展品受欢迎程度	略	略
	I5：打造展教服务品牌项目	I5—1：展教服务品牌项目数量	略	略
		I5—2：品牌项目的认知度	略	略
	I6：持续推进科普产品创新	I6—1：新增科普产品数量	略	略
	I7：持续推进服务模式创新	I7—1：新增服务项目数量	略	略
		I7—2：新增服务方式数量	略	略
学习与成长	L1：建设训练有素的展教队伍	L1—1：人力资本准备度	略	略
		L1—2：核心员工流失数量	略	略
	L2：建立关键岗位人员储备计划	L2—1：关键岗位人员储备计划覆盖率	略	略
	L3：建立并完善展品数据库	L3—1：展品数据库的完备度	略	略
	L4：塑造客户中心型组织文化	L4—1：文化认知度	略	略
	L5：促进整体协调一致	L5—1：部门协作满意度	略	略
部门负责人签字		分管领导签字		
行政人事部盖章		签字日期		

三、东莞科技馆个人平衡计分卡示例

本案例选取东莞科技馆馆长、展教部部长、展教员三个职位。组织的高层管理者一般要对组织平衡计分卡的全部目标和指标负责，所以其个人平衡计分卡需要根据实际分工情况，单独承接或共同承接组织的目标和指标。在设计馆长个人平衡计分卡时，由于馆长全面负责科技馆的各项工作，因此馆长把总卡中 21 个具体业务指标中的 18 个具体业务指标直接承接下来，如表 12－10 所示。

表 12－10　　馆长个人平衡计分卡

职位名称	馆长	职位编号	/	
姓名	×××	直接上级	/	
层面	目标	指标	目标值	行动方案
利益相关者	R1：成为优秀的科普基地	R1－1：国家科普教育基地	略	略
		R1－2：参观人次	略	略
	R2：提供卓越的客户体验	R2－1：游客满意度	略	略
		R2－2：有效投诉次数	略	略
	R3：成为城市特色名片	R3－1：国家 4A 级旅游景点	略	略
财务	F1：扩大财务收入来源	F1－1：财政拨款增长率	略	略
		F1－2：营运收入总额	略	略
		F1－3：社会捐赠金额	略	略
	F2：提高资金使用效率	F2－1：预算先进单位	略	略
内部业务流程	I1：持续优化管理和服务流程	I1－1：优化的流程数量	略	略
		I1－2：有效优化流程的比率	略	略
	I2：有效预防并处置突发事件	I2－1：响应时间	略	略
	I3：捕捉并满足主要目标客户的差异化需求	I3－1：本地来访学校占学校总数的百分比	略	略
		I3－2：本地来访学校团体总人次增幅	略	略
		I3－3：新增本地企业团队参观总人数	略	略

续表

层面	目标	指标	目标值	行动方案
内部业务流程	I4：开发并维护战略伙伴关系	I4—1：SPCI 占团队业务收入总额的比率	略	略
		I4—2：SPCI 占团队游客人次的比率	略	略
	I5：打造品牌服务项目	I5—1：品牌服务项目数量	略	略
		I5—2：品牌服务的认知度	略	略
	I6：持续推进科普产品创新	I6—1：展品更新率	略	略
		I6—2：新增科普产品数量	略	略
		I6—3：特效影片更新数量	略	略
	I7：持续推进服务模式创新	I7—1：预算外创新项目数量	略	略
	I8：建立良好的公共关系	I8—1：关键需求满足程度	略	略
学习与成长	L1：建设训练有素的员工队伍	L1—1：人力资本准备度	略	略
		L1—2：核心员工流失数量	略	略
	L2：建立关键岗位人员储备计划	L2—1：关键岗位人员储备计划覆盖率	略	略
	L3：塑造客户中心型组织文化	L3—1：文化认知度	略	略
	L4：建立绩效导向的激励机制	L4—1：员工对激励机制的认可度	略	略
	L5：促进整体协调一致	L5—1：部门协作满意度	略	略

本人签字		直接上级签字	
行政人事部盖章		签字日期	

展教部部长在馆长助理的领导下，全面负责科技馆的展教工作，领导本部门进行制度建设、实施展品管理和提供展教服务；对部门日常工作进行合理安排和调整；有效配置、培养和激励本部门员工，确保展教部高效有序运营。根据岗位职责，设置了展教部部长的个人平衡计分卡，如表 12 - 11 所示。

表 12-11 展教部部长个人平衡计分卡

职位名称	部长	职位编号	/	
姓名	×××	直接上级	/	
层面	目标	指标	目标值	行动方案
利益相关者	R1：提供卓越的展教服务	R1—1：参观人次	略	略
		R1—2：游客满意度	略	略
		R1—3：有效投诉次数	略	略
财务	F1：增加展厅门票收入	F1—1：展厅门票收入增长率	略	略
	F2：确保预算管控	F2—1：预算达标率	略	略
内部业务流程	I1：持续优化展教管理和服务流程	I1—1：优化的流程数量	略	略
		I1—2：有效优化流程的比率	略	略
	I2：加强展教设施设备管理	I2—1：展教设备完好率	略	略
	I3：有效预防并处置突发事件	I3—1：响应时间	略	略
		I3—2：游客伤害事件件数	略	略
	I4：提供特色互动展品	I4—1：新展品受欢迎程度	略	略
	I5：打造展教服务品牌项目	I5—1：展教服务品牌项目数量	略	略
		I5—2：品牌项目的认知度	略	略
	I6：持续推进科普产品创新	I6—1：新增科普产品数量	略	略
	I7：持续推进服务模式创新	I7—1：新增服务项目数量	略	略
		I7—2：新增服务方式数量	略	略
学习与成长	L1：建设训练有素的展教队伍	L1—1：人力资本准备度	略	略
		L1—2：核心员工流失数量	略	略
	L2：建立关键岗位人员储备计划	L2—1：关键岗位人员储备计划覆盖率	略	略
	L3：建立并完善展品数据库	L3—1：展品数据库的完备度	略	略
	L4：塑造客户中心型组织文化	L4—1：文化认知度	略	略
	L5：促进整体协调一致	L5—1：部门协作满意度	略	略
本人签字		直接上级签字		
行政人事部盖章		签字日期		

展教员在展区主管的领导下，具体从事所属展区的展教服务和展品维护工作，保障展品正常运作，为游客提供优质服务。按照同样的思路，把上级承接的目标和指标承接或者分解到展教员

的个人平衡计分卡当中，并设置了基于岗位职责的独有目标，如表 12－12 所示。

表 12－12　　　　展教员个人平衡计分卡

职位名称	展教员	职位编号	/	
姓名	×××	直接上级	/	
层面	目标	指标	目标值	行动方案
利益相关者	R1：提供卓越的展教服务	R1－1：参观人次	略	略
		R1－2：游客满意度	略	略
		R1－3：有效投诉次数	略	略
财务	F1：增加展厅门票收入	F1－1：展厅门票收入增长率	略	略
	F2：增加专项服务收入	F2－1：专项服务收入增长率	略	略
内部业务流程	I1：操作和管理展教设施设备	I1－1：违规操作次数	略	略
		I1－2：展教设备完好率	略	略
	I2：有效预防并处置突发事件	I2－1：安全隐患排查/上报及时性	略	略
		I2－2：响应时间	略	略
		I2－3：游客伤害事件件数	略	略
	I3：提供特色互动展品	I3－1：新展品受欢迎程度	略	略
	I4：持续推进科普产品创新	I4－1：新增科普产品数量	略	略
学习与成长	L1：提升展教业务能力	L1－1：员工胜任度	略	略
		L1－2：培训合格率	略	略
	L2：塑造客户中心型组织文化	L2－1：文化认知度	略	略
	L3：促进整体协调一致	L3－1：部门协作满意度	略	略
本人签字		直接上级签字		
行政人事部盖章		签字日期		

资料来源：东莞科技馆办公室。

附　录
党政领导干部考核工作条例

第一章　总　　则

第一条　为了坚持和加强党的全面领导，坚持党要管党、全面从严治党，推动各级党政领导班子和领导干部做到忠诚干净担当、带头贯彻落实党中央决策部署，完善干部考核评价机制，建设一支信念坚定、为民服务、勤政务实、敢于担当、清正廉洁的高素质党政领导干部队伍，根据《中国共产党章程》和有关法律，制定本条例。

第二条　本条例所称考核工作，是指党委（党组）及其组织（人事）部门按照干部管理权限，对党政领导班子和领导干部的政治素质、履职能力、工作成效、作风表现等所进行的了解、核实和评价，以此作为加强领导班子和领导干部队伍建设的重要依据。

考核方式主要包括平时考核、年度考核、专项考核、任期考核。

第三条　考核工作以马克思列宁主义、毛泽东思想、邓小平理论、“三个代表”重要思想、科学发展观、习近平新时代中国特色社会主义思想为指导，贯彻落实新时代党的建设总要求和新时代党的组织路线，坚持把政治标准放在首位，着眼于实现“两个一百年”奋斗目标，突出考核贯彻党中央重大决策部署，统筹推进“五位一体”总体布局和协调推进“四个全面”战略布局、贯彻落实新发展理念的实际成效，坚持严管和厚爱结合、激励和约束并重，奖勤罚懒、奖优罚劣，调动各级党政领导班子和领导干部积极性、主动性、创造性，树立讲担当、重担当、改革创新、干事创业的鲜明导向。

第四条 考核工作坚持下列原则：

（一）党管干部；

（二）德才兼备、以德为先；

（三）事业为上、公道正派；

（四）注重实绩、群众公认；

（五）客观全面、简便有效；

（六）考用结合、奖惩分明。

第五条 本条例适用于考核中共中央、全国人大常委会、国务院、全国政协工作部门或者有关工作机构的领导班子和领导干部；中央纪委国家监委领导班子和领导干部（不含正职）；最高人民法院、最高人民检察院领导班子和领导干部（不含正职）；县级以上地方各级党委、人大常委会、政府、政协、纪委监委、法院、检察院的领导班子和领导干部；县级以上地方各级党委、人大常委会、政府、政协工作部门或者有关工作机构的领导班子和领导干部。

参照公务员法管理的县级以上党委和政府直属事业单位、群团组织的领导班子和领导干部的考核，参照本条例执行。

第六条 中央和国家机关领导班子和领导干部应当在思想上政治上行动上发挥表率作用，带头接受高标准严格考核。

第二章 考核内容

第七条 领导班子考核内容主要包括：

（一）政治思想建设。全面考核领导班子坚决维护习近平总书记党中央的核心、全党的核心地位，坚决维护党中央权威和集中统一领导，坚持和加强党的全面领导，执行党的理论和路线方针政策，增强“四个意识”，做到“四个服从”，遵守政治纪律和政治规矩的情况；用习近平新时代中国特色社会主义思想武装头脑，坚定理想信念，坚定“四个自信”，不忘初心、牢记使命的情况；坚持民主集中制，执行新形势下党内政治生活若干准则，发现和解决自身问题，营造风清气正政治生态的情况；践行新时代党的组织路线，贯彻新时期好干部标准，树立正确选人用人导向的情况。

（二）领导能力。全面考核领导班子适应新时代要求、落实党中央决策部署、完成目标任务的能力，重点了解学习本领、政治领导本领、改革创新本领、科学发展本领、依法执政本领、群众工作本领、狠抓落实本领、驾驭风险本领。

（三）工作实绩。全面考核领导班子政绩观和工作成效。考核政绩观，主要看是否恪守立党为公、执政为民理念，是否具有“功成不必在我”精神，以造福人民为最大政绩，真正做到对历史和人民负责。考核地方党委和政府领导班子的工作实绩，应当看全面工作，看推动本地区经济建设、政治建设、文化建设、社会建设、生态文明建设，解决发展不平衡不充分问题，满足人民日益增长的美好生活需要的情况和实际成效。考核其他领导班子的工作实绩，主要看全面履行职能、服务大局和中心工作的情况和实际成效。注重考核各级党委（党组）领导班子落实新时代党的建设总要求、抓党建工作的实绩。

（四）党风廉政建设。全面考核领导班子履行管党治党政治责任，加强党风廉政建设，持之以恒正风肃纪，推进反腐败斗争等情况。

（五）作风建设。全面考核领导班子坚持以人民为中心，贯彻党的群众路线，密切联系群众，为群众排忧解难，全心全意为人民服务的情况；结合实际落实党中央决策部署，增强人民获得感、幸福感、安全感的情况；深入改进作风，落实中央八项规定及其实施细则精神，反对“四风”特别是形式主义、官僚主义的情况；实事求是，真抓实干，察实情、出实招、办实事、求实效的情况。

第八条　领导干部考核内容主要包括：

（一）德。全面考核领导干部政治品质和道德品行。考核领导干部的政治品质，重点了解坚定理想信念、对党忠诚、尊崇党章、遵守政治纪律和政治规矩，在思想上政治上行动上同以习近平同志为核心的党中央保持高度一致等情况。考核领导干部的道德品行，重点了解坚守忠诚老实、公道正派、实事求是、清正廉洁等价值观，遵守社会公德、职业道德、家庭美德和个人品德等情况。

（二）能。全面考核领导干部履职尽责特别是应对突发事件、群体性事件过程中的政治能力、专业素养和组织领导能力等情况。

（三）勤。全面考核领导干部的精神状态和工作作风，重点了解发扬革命精神、斗争精神，坚持“三严三实”，勤勉敬业、恪尽职守，认真负责、紧抓快办，锐意进取、敢于担当，艰苦奋斗、甘于奉献等情况。

（四）绩。全面考核领导干部坚持正确政绩观，履职尽责、完成日常工作、承担急难险重任务、处理复杂问题、应对重大考验的情况和实际成效。考核党委（党组）书记的工作实绩，首先看抓党建工作的成效，考核领导班子其他党员领导干部的工作实绩应当加大抓党建工作的权重。

（五）廉。全面考核领导干部落实党风廉政建设“一岗双责”政治责任，遵守廉洁自律准则，带头落实中央八项规定及其实施细则精神，秉公用权，树立良好家风，严格要求亲属和身边工作人员，反对“四风”和特权思想、特权现象等情况。

第九条 具体考核内容的确定必须以贯彻党中央精神为前提，根据党中央决策部署及时调整优化。

第十条 落实新发展理念，突出高质量发展导向，构建推动高质量发展指标体系，改进推动高质量发展的政绩考核，因地制宜合理设置经济社会发展实绩考核指标和权重，突出对打好重点任务攻坚战的考核，加强对深化供给侧结构性改革、保障和改善民生、加强和创新社会治理、推动创新发展、加强法治建设、促进社会公平正义等工作的考核，加大安全生产、社会稳定、新增债务等约束性指标的考核权重。

第十一条 坚持从实际出发，实行分级分类考核。考核内容应当体现不同区域、不同部门、不同类型、不同层次领导班子和领导干部特点。

第十二条 根据不同岗位职责要求，明确领导班子和领导干部不担当不作为的具体情形和评价标准，推动工作落实和担当尽责。

第十三条 建立健全可量化、能定责、可追责的领导班子和领导干部工作目标以及岗位职责规范，作为确定考核内容的重要依据。

第三章 平时考核

第十四条 平时考核是对领导班子日常运行情况和领导干部一贯表现所进行的经常性考核，及时肯定鼓励、提醒纠偏。

第十五条 平时考核应当突出重点。

考核领导班子的日常运行情况，重点了解政治思想建设、执行民主集中制、贯彻党的群众路线、科学决策、完成重点任务和反对“四风”等情况。

考核领导干部的一贯表现，重点了解政治态度、担当精神、工作思路、工作进展，特别是对待是与非、公与私、真与假、实与虚的表现等情况。

第十六条 平时考核主要结合领导班子和领导干部日常管理进行，可以采取下列途径：

（一）列席领导班子民主生活会、理论学习中心组学习、重要工作会议，参加重要工作活动等；

（二）与干部本人或者知情人谈心谈话，到所在单位听取干部群众意见；

（三）开展调研走访、专题调查、现场观摩等；

（四）结合党内集中学习教育、纪委监委日常监督、巡视巡察、工作督查、干部培训等进行深入了解；

（五）其他适当方法。

第十七条 平时考核可以根据实际情况形成考核结果。考核结果可以采用考核报告、评语、等次或者鉴定等形式确定。

第十八条 建立平时考核工作档案，将相关材料整理归档，作为了解评价领导班子日常运行情况和领导干部一贯表现的重要依据。

第四章 年度考核

第十九条 年度考核是以年度为周期对领导班子和领导干部所进行的综合性考核，一般在每年年末或者次年年初组织开展。

根据工作需要，各级党委（党组）每年可以选定部分领导班子和领导干部进行重点考核。

第二十条 年度考核一般按照下列程序进行：

（一）总结述职。召开会议，领导班子总结报告全年工作，领导干部进行个人述职。

（二）民主测评。根据对领导班子和领导干部考核内容的要求设计测评表，由参加民主测评的人员填写评价意见。参加测评的人员范围，按照知情度、关联度、代表性原则，结合实际确定。

（三）个别谈话。与领导班子成员、相关干部群众以及其他需要参加的人员个别谈话了解情况。

（四）了解核实。根据需要采取查阅资料、采集有关数据和信息、实地调研等方式，核实考核对象有关情况。

（五）形成考核结果。对领导班子和领导干部进行综合分析，形成考核结果并及时反馈。

当年开展党内集中学习教育、换届考察、巡视巡察的，年度考核可以结合实际适当简化程序。

根据工作需要和实际情况，对公共服务部门和窗口单位的领导班子和领导干部，可以在一定范围内听取公众意见。

第二十一条 领导班子年度考核结果一般分为优秀、良好、一般、较差 4 个等次。领导干部年度考核结果分为优秀、称职、基本称职、不称职 4 个等次。

优秀是指综合表现突出，出色履行领导职责或者岗位要求，圆满地完成了年度工作任务，成绩显著。

良好、称职是指综合表现好，认真履行领导职责或者岗位要求，较好地完成了年度工作任务。

一般、基本称职是指综合表现勉强达到领导职责或者岗位要求，或者在某个方面存在明显不足、有较大问题。

较差、不称职是指综合表现达不到领导职责或者岗位要求，或者在某个方面存在严重问题、出现重大错误。

各级党委（党组）应当结合实际，制定考核等次具体评定标准。

第二十二条　担任多项职务的领导干部，一般在承担主要工作职责的单位进行考核，对兼任的其他工作以适当方式进行了解。

新提拔任职的领导干部，按照现任职务进行考核，注意了解在原任职岗位的工作情况。

交流任职的领导干部，在现工作单位进行考核，其交流任职前的有关情况由原单位提供。

援派或者挂职锻炼的领导干部，由当年工作半年以上的地方或者单位进行考核，以适当方式听取派出单位或者接收单位的意见。

本年度内病、事假累计超过半年的领导干部，参加年度考核，不确定等次。

涉嫌违纪违法被立案审查调查尚未结案、受党纪政务处分或者组织处理的领导干部，其年度考核按照有关规定进行。

第五章　专项考核

第二十三条　专项考核是对领导班子和领导干部在完成重要专项工作、承担急难险重任务、应对和处置重大突发事件中的工作态度、担当精神、作用发挥、实际成效等情况所进行的针对性考核。

根据平时掌握情况，对表现突出或者问题反映较多的领导班子和领导干部，可以进行专项考核。

第二十四条　专项考核一般应当按照下列程序进行：

（一）制定方案。明确考核对象、考核内容指标、程序步骤和工作要求等。

（二）听取考核对象的总结汇报。

（三）了解核实。采取查阅资料、实地调研、舆情分析、个别谈话、民主测评等方式，核实印证有关情况，必要时可以向纪检监察机关或者审计、信访等部门了解情况。

（四）形成考核结果。对领导班子和领导干部作出评价。

第二十五条　专项考核结果可以采用考核报告、评语、等次或者鉴定等形式确定。

第六章　任期考核

第二十六条　任期考核是对实行任期制的领导班子和领导干部在一届任期内总体表现所进行的全方位考核，一般结合换届考察或者任期届满当年年度考核进行。

任期考核应当突出对完成届期目标或者任期目标情况的考核。

第二十七条 任期考核一般应当按照总结述职、民主测评、个别谈话、了解核实、实绩分析、形成考核结果等程序进行。

第二十八条 任期考核结果可以采用考核报告、评语、等次或者鉴定等形式确定。

第七章 考核结果确定

第二十九条 考核结果确定应当加强综合分析研判，坚持定性与定量相结合，全面、历史、辩证地分析个人贡献与集体作用、主观努力与客观条件、增长速度与质量效益、显绩与潜绩、发展成果与成本代价等情况，注重了解人民群众对经济社会发展的真实感受和评价，防止简单以地区生产总值以及增长率排名或者以民主测评、民意调查得票得分确定考核结果。

第三十条 平时考核、年度考核、专项考核、任期考核情况应当相互补充印证，坚持考人与考事相结合，注重吸收运用巡视巡察、审计、绩效管理、工作督查、相关部门业务考核、个人有关事项报告查核等成果，把敢不敢扛事、愿不愿做事、能不能干事作为识别干部、评判优劣的重要标准，增强考核结果的真实性、准确性。

第三十一条 考核结果应当全面准确反映考核对象情况，以考核报告、评语、鉴定等形式确定结果的，应当明确具体肯定成绩和优点，指出问题和不足。

第三十二条 年度考核结果以平时考核结果为基础，年度考核优秀等次应当在平时考核结果好的考核对象中产生。

领导班子年度考核优秀等次比例一般不超过参加考核领导班子总数的30%，领导干部年度考核优秀等次比例一般不超过参加考核领导干部总人数的25%。

领导班子为优秀等次的，其领导成员评为优秀等次的比例可以适当上调，最高不超过30%；领导班子为一般等次的，其领导成员评为优秀等次的比例不得超过20%，主要负责人一般不得确定为优秀等次；领导班子为较差等次的，其领导成员评为优秀等次的比例不得超过15%，主要负责人一般不得确定为称职及以上等次。

第三十三条 有下列情形之一，领导班子和领导干部年度考核结果不得确定为优秀等次：

（一）贯彻落实党中央决策部署成效不明显的；

（二）干事创业精气神不够，拈轻怕重、患得患失，不敢直面矛盾、不愿动真碰硬，不担当不作为的；

（三）受到上级党委和政府通报批评，责令检查的；

（四）工作实绩不突出的；

（五）组织领导能力较弱，年度工作目标任务完成不好的；

（六）履行管党治党责任不力，违反廉洁自律规定的；

（七）其他原因不宜确定为优秀等次的。

在上级党组织开展的基层党建述职评议考核工作中，党委（党组）书记抓基层党建工作情况综合评价等次未达到好的，其年度考核结果不得确定为优秀等次。

第三十四条 有下列情形之一，领导班子年度考核结果应当确定为较差等次，领导干部年度考核结果应当确定为不称职等次：

（一）违反政治纪律和政治规矩，政治上出现问题的；

（二）不执行民主集中制，领导班子运行状况不好，不能正常发挥职能作用，领导干部闹无原则纠纷，影响较差的；

（三）责任心差、能力水平低，不能履行或者不胜任岗位职责要求，依法履职出现重大问题的；

（四）表态多调门高，行动少落实差，敷衍塞责、庸懒散拖，作风形象不佳，群众意见大，造成恶劣影响的；

（五）不坚守工作岗位，擅离职守的；

（六）其他原因应当确定为较差或者不称职等次的。

第三十五条 领导班子和领导干部在履职担当、改革创新过程中出现失误错误，经综合分析给予容错的，应当客观评价，合理确定考核结果。

第三十六条 考核对象对考核结果有异议的，可以按照有关规定提出复核或者申诉。

第八章 考核结果运用

第三十七条 坚持考用结合，将考核结果与选拔任用、培养教育、管理监督、激励约束、问责追责等结合起来，鼓励先进、鞭策落后，推动能上能下，促进担当作为，严厉治庸治懒。

第三十八条　考核结果采取个别谈话、工作通报、会议讲评等方式，实事求是地向领导班子和领导干部反馈，肯定成绩、指出不足，督促整改，传导压力、激发动力。

第三十九条　依据考核结果，有针对性地加强领导班子建设：

（一）领导班子作出重要贡献的，按照有关规定记功、授予称号，给予物质奖励；

（二）领导班子表现突出或者年度考核结果为优秀等次的，按照有关规定给予嘉奖；

（三）领导班子运行状况不好、凝聚力战斗力不强、不担当不作为、干部群众意见较大的，应当进行调整；

（四）领导班子年度考核结果为一般等次的，应当责成其向上级党组织写出书面报告，剖析原因、进行整改；

（五）领导班子年度考核结果为较差或者连续两年为一般等次的，应当对主要负责人和相关责任人进行调整。

第四十条　依据考核结果，激励约束领导干部：

（一）领导干部作出重大贡献的，可以按照有关规定记功、授予称号，给予物质奖励；表现突出或者年度考核结果为优秀等次的，按照有关规定给予嘉奖；连续三年为优秀等次的，记三等功，同等条件下优先使用。

（二）领导干部年度考核结果为称职及以上等次的，按照有关规定享受年度考核奖金、晋升工资级别和级别工资档次。

（三）领导干部年度考核结果为基本称职等次的，应当对其进行诫勉，限期改进。

（四）领导干部年度考核结果为不称职等次的，按照规定程序降低一个职务或者职级层次任职。

（五）不参加年度考核、参加年度考核不确定等次或者年度考核结果为基本称职以下等次的，该年度不计算为晋升职务职级的任职年限，不计算为晋升工资级别和级别工资档次的考核年限。

（六）领导干部不适宜担任现职的，应当根据有关规定对其进行调整。

第四十一条 依据考核结果加强干部教育培养，按照“缺什么补什么”的原则，对领导干部进行调学调训、安排实践锻炼，补齐能力素质短板。对有潜力的优秀年轻干部加强针对性培养。

第四十二条 考核中发现领导班子和领导干部存在问题的，区分不同情形，予以谈话提醒直至组织处理；发现违纪违法问题线索，移送纪检监察、司法机关处理。

第四十三条 领导干部考核形成的结论性材料，应当存入干部人事档案。

第九章 组织实施

第四十四条 党委（党组）及其组织（人事）部门按照干部管理权限，履行考核领导班子和领导干部的职责。

党委（党组）承担考核工作主体责任，党委（党组）书记是第一责任人，组织（人事）部门承担具体工作责任。

第四十五条 考核人员应当具有较高的思想政治素质以及胜任考核工作的政策水平和业务知识，公道正派，组织纪律观念和保密意识强。考核人员按照规定实行公务回避。

根据工作需要，党委（党组）可以组建和派出考核组。考核组组长根据每次考核任务确定并授权，应当具有较强的组织领导能力，坚持原则、敢于担当。

第四十六条 实行考核工作责任制。

考核人员应当认真履行职责，按照规定的程序和要求实施考核，全面客观准确地了解和反映情况，公道公平公正地对待和评价领导班子和领导干部。

考核人员应当在考核材料上签名，对考核材料的客观性、真实性负责。

第四十七条 考核工作的组织实施应当严肃认真、稳妥审慎，注意与日常工作相协调、相促进。根据不同考核对象和考核任务，改进创新考核方法，充分发扬民主，多到基层干部群众中、多在乡语口碑中听取意见、了解情况，坚持在现场看、见具体事，多渠道、多层次、多侧面了解核实领导班子和领导干部的现实表现。

第四十八条 组织（人事）部门应当加强考核工作信息化建设，充分运用互联网技术和信息化手段开展考核，提高工作质量和效率。

第四十九条 各级党委（党组）应当加强对本地区本部门本单位干部考核工作与其他业务考核工作的统一领导、统筹协调和督促指导，整合考核力量，归并考核项目和种类，严格控制“一票否决”事项，防止多头考核、重复考核。

第十章　纪律与监督

第五十条　考核工作必须严格遵守下列纪律：

（一）不准搞形式、走过场；

（二）不准隐瞒、歪曲事实；

（三）不准弄虚作假；

（四）不准搞非组织活动；

（五）不准泄露谈话内容、测评结果等考核工作秘密；

（六）不准凭个人好恶评价干部、决定或者改变考核结果；

（七）不准借考核之机谋取私利；

（八）不准干扰、妨碍考核工作；

（九）不准打击报复干部和反映问题的人员。

第五十一条　领导班子和领导干部应当正确对待和接受组织考核，如实汇报工作和思想，客观反映情况。

对不按照要求参加或者不认真配合考核工作，经教育后仍不改正的，领导班子年度考核结果直接确定为较差等次，领导干部年度考核结果直接确定为不称职等次。

第五十二条　对不按照规定组织开展考核、考核工作失真失实造成严重后果、本地区本部门本单位考核工作中不正之风严重、干部群众反映强烈以及对违反考核工作纪律等行为查处不力的，应当追究党委（党组）及其组织（人事）部门主要负责人和有关领导成员、直接责任人的责任。

第五十三条 对违反本条例的，根据情节轻重，依规依纪给予批评教育、责令检查、通报批评、诫勉、组织调整或者组织处理，涉嫌违纪或者职务违法、职务犯罪的，按照有关纪律和法律法规处理。

第五十四条 党委（党组）、纪检监察机关、组织（人事）部门应当加强对考核工作的监督检查，自觉接受群众和舆论监督，认真受理有关举报、复核、申诉，严肃查处违反考核工作纪律的行为。

第十一章 附 则

第五十五条 本条例对工作部门的规定，同时适用于党委和政府的办事机构、派出机构、特设机构以及其他直属机构。

第五十六条 本条例由中共中央组织部负责解释。

第五十七条 本条例自 2019 年 4 月 7 日起施行。1998 年 5 月 26 日中共中央组织部印发的《党政领导干部考核工作暂行规定》、2009 年 7 月 16 日中共中央组织部印发的《党政领导班子和领导干部年度考核办法（试行）》同时废止。此前发布的有关领导班子和领导干部考核的规定，凡与本条例不一致的，按照本条例执行。

图书在版编目（CIP）数据

公共治理能力现代化方案：公共部门战略性绩效管理/中投咨询有限公司编著. -- 北京：中国人民大学出版社，2021.1
ISBN 978-7-300-28909-0

Ⅰ.①公… Ⅱ.①中… Ⅲ.①国家行政机关-行政管理-研究-中国 Ⅳ.①D630.1

中国版本图书馆 CIP 数据核字（2020）第 271483 号

公共治理能力现代化方案
公共部门战略性绩效管理
中投咨询有限公司　编著
Gonggong Zhili Nengli Xiandaihua Fangan

出版发行	中国人民大学出版社		
社　　址	北京中关村大街 31 号	**邮政编码**	100080
电　　话	010－62511242（总编室）		010－62511770（质管部）
	010－82501766（邮购部）		010－62514148（门市部）
	010－62515195（发行公司）		010－62515275（盗版举报）
网　　址	http://www.crup.com.cn		
经　　销	新华书店		
印　　刷	北京宏伟双华印刷有限公司		
规　　格	170 mm×240 mm　16 开本	**版　　次**	2021 年 1 月第 1 版
印　　张	15.5 插页 2	**印　　次**	2021 年 1 月第 1 次印刷
字　　数	153 000	**定　　价**	58.00 元